_____ 학교 ____ 학년____반_____ 의 책이에요.

'체험학습'이란 책에서나 수업 시간에 배운 지식을 실제 현장에서 직접 경험해 보는 공부 방법이에요. 단순히 전시된 물건을 관람하거나 공연을 보는 것이 아니라 학습을 하기 전에 미리 필요한 정보를 조사하는 것까지를 포함한 모든 활동을 의미해요. 어떻게 공부할 것인지를 준비하면 그렇지 않은 경우보다 훨씬 더 많은 것을 보고 느끼게 되겠지요. 이 책은 체험학습을 하려는 어린이들에게 좋은 길잡이 역할을 할 거예요.

❶ 가기 전에 읽어 보세요

이 책은 체험학습 현장을 어린이들이 쉽게 이해할 수 있도록 풀이한 안내서예요. 어린이들이 직접 체험학습 현장을 찾아가는 데 필요한 정보가 들어 있어요. 체험학습 현장을 가기 전에 꼼꼼히 읽어 보세요.

❷ 현장에서 비교해 보세요

청와대는 우리나라를 대표하는 대통령이 살면서 나랏일을 돌보는 곳이에요. 청와대 안에는 나랏일을 돌보기 위해 여러 가지 기능을 하고 있는 건물들이 있어요. 오늘날의 궁궐이라고 할 수 있는 청와대와 조선 시대의 궁궐에서 비슷한 점과 다른 점을 찾아보면서 체험을 떠나요.

❸ 스스로 활동해 보세요

이 시리즈는 단지 지식을 전달하기 위한 교양서가 아니에요. 어린이 여러분이 교과서로 수업 시간에 배운 내용을 실제 현장에서 직접 체험하며 익힐 수 있도록 다양한 활동 내용을 담았지요. 책 중간이나 뒷부분에 이해를 돕기 위한 활동이 있으니 꼭 스스로 정리해 보세요.

❹ 견학 후 활동이 다양해요

체험학습 후에는 반드시 견학 후 여러 가지 활동을 해 보세요. 보고서 쓰기, 신문 만들기, 그림 그리기 등을 통해 체험학습에서 보고 들은 내용을 다시 한번 정리하면 알찬 체험학습이 될 거예요.

신나는 교과 체험학습 53

나랏일을 돌보며 국민을 섬기는 곳 청와대

초판 1쇄 발행 | 2008. 7. 5.
개정 3판 4쇄 발행 | 2023. 11. 10.

글 · 사진 백승렬 | 그림 송선옥

발행처 김영사 | **발행인** 고세규
등록번호 제 406−2003−036호 | **등록일자** 1979. 5. 17.
주소 경기도 파주시 문발로 197(우10881)
전화 마케팅부 031−955−3100 | 편집부 031−955−3113~20 | 팩스 031−955−3111

값은 표지에 있습니다.
ISBN 978-89-349-9684-2 64000
ISBN 978-89-349-8306-4 (세트)

좋은 독자가 좋은 책을 만듭니다. 김영사는 독자 여러분의 의견에 항상 귀 기울이고 있습니다.
전자우편 book@gimmyoung.com | 홈페이지 www.gimmyoungjr.com

어린이제품 안전특별법에 의한 표시사항
제품명 도서 제조년월일 2023년 11월 10일 제조사명 김영사 주소 10881 경기도 파주시 문발로 197
전화번호 031-955-3100 제조국명 대한민국 ⚠주의 책 모서리에 찍히거나 책장에 베이지 않게 조심하세요.

나랏일을 돌보며 국민을 섬기는 곳

청와대

글·사진 **백승렬** 그림 송선옥

주니어김영사

차례

청와대에 가기 전에

미리 준비하세요

준비물《청와대》책, 필기도구, 사진기,
　　　　 지하철 노선표

예약은 필수!

① http://www.president.go.kr로 반드시 예약해야 해요.
　 관람 희망일 최소 20일 전까지 청와대 관람 홈페이지 신청 코너 클릭!
② 미성년자는 반드시 보호자와 함께 있어야 해요. 단체 관람은 1일 200명
　 이하만 가능해요.

미리 알아 두세요

관람 시간	매주 화~금요일, 둘째 · 넷째 주 토요일 – 오전 10시, 오전 11시,
	오후 2시, 오후 3시(공휴일 제외)
	토요일은 10인 이하의 개인 관람만 가능해요.
	※ 관람 시간 10분 전까지 경복궁 동편 주차장 안 만남의 장소로
	모여요.
관람료	무료
문의	(02)730–5800
주소	서울특별시 종로구 청와대로 1

청와대에 가는 방법

지하철 3호선 경복궁역 5번
　　　　 출구로 나와 경복궁
　　　　 동편 주차장 '만남의
　　　　 장소'까지 10분 정도
　　　　 걸어요.
버스 지선 171, 272, 109, 601, 606,
　　　 간선 1020, 7025
　　　　 – 경복궁 정류장에 내려요.
마을버스 종로 11 – 법련사 정류장에 내려요.
관람 차량 경복궁 주차장 → 청와대 춘추관
　　　　　　 (경복궁 주차장 내 만남의 장소 : 셔틀 버스 수시 운행 중)
　　　　　　 청와대 무궁화 동산 → 경복궁 주차장(셔틀 버스 시간표 – 11:40,
　　　　　　 12:00, 12:20, 12:40, 15:40, 16:00, 16:20, 16:40, 17:00)

청와대는요 ⋯⋯

평화를 상징하는 푸른 지붕을 가지고 있는 청와대는 우리나라 최고 통치자인 대통령이 나랏일을 돌보면서 가족들과 생활하는 공간이에요. 대통령은 이곳에서 외국의 중요한 손님을 맞이하고, 신문사나 방송국과 인터뷰를 하기도 하지요.

대통령은 국민의 한 사람이기도 하지만, 국민의 손으로 직접 뽑아 나랏일을 맡겼기 때문에 최고 통치 기관의 이름이라고도 할 수 있어요. 또, 외국에 대해 우리나라를 대표하는 사람이므로, '국가 원수'라고도 불리지요.

옛날에는 왕이 행정과 입법, 사법의 권한을 모두 가지고 있었어요. 그러나 오늘날 민주주의 사회에서는 이 세 개의 권력을 나누어 권력이 한 곳에 집중되지 않도록 했어요. 입법부는 법을 만드는 국회이고, 행정부는 법에 따라 예산을 짜고 이 예산을 나라와 국민을 위해 쓰는 곳이에요. 또, 법이 잘 지켜지고 있는지 시시비비를 가리는 곳을 사법부라고 하지요. 대통령은 이 중 국민에게 세금을 걷어 국민이 편안하게 살 수 있도록 살림을 맡아 하는 행정부의 최고 책임자이지요.

그럼, 지금부터 대통령이 일하는 청와대 곳곳을 돌아보아요.

한눈에 보는 청와대

북악산 자락에 자리 잡은 청와대는 1948년 대한민국 정부가 수립되면서부터 우리나라 대통령이 살며 일하는 곳이에요. 지금까지 모두 열한 명의 대통령이 이 자리를 거쳐 가면서 우리나라의 역사를 만들어 왔지요. 청와대 안 곳곳을 둘러보면서 대통령이 일하고 사는 공간은 어떤 모습인지 살펴보아요.

춘추관

대통령의 기자 회견 장소와 청와대를 드나드는 기자들의 프레스 센터로 이용되는 곳이에요.

이렇게 둘러보아요

만남의 장소 → 홍보관 →
녹지원 → 구 본관터 →
본관 → 영빈관 → 칠궁 →
무궁화 동산 →
청와대사랑채

녹지원

역대 대통령들의 기념 식수가 있는 야외 행사장이에요. 이곳은 원래 경복궁의 후원이었다고 해요.

상춘재

전통적인 한국식 가옥으로, 외국이나 외부 손님을 접대하는 곳으로 사용하고 있어요.

수궁터

고려 시대부터 왕실의 궁이 있던 곳이었지만, 일제 강점기에는 총독 관저*가 있던 곳이에요. 이 건물은 1993년에 철거되었는데, 그때부터 예전 이름인 수궁터로 불리고 있어요.

*관저 : 정부에서 장관급 이상의 높은 관리들이 살도록 마련한 집이에요.

칠궁
조선 시대에 왕을 낳았지만, 왕비가 되지
못한 후궁들의 위패*를 모신 사당이에요.
* 위패 : 죽은 사람의 이름을 적은 나무로 만든 패예요.

청와대에서는 이렇게 해 주세요!

1. 청와대는 대통령과 대통령을 보좌하는 비서
   진이 근무하는 곳이기 때문에 소란을 피우
   거나 떠들지 않도록 해요.

2. 청와대에 들어갈 때는 칼과 같은 흉기는 물
   론 금속으로 된 물질도 가져갈 수 없어요.
   그래서 관람 전 반드시 검색을 받아야 하지
   요. 금속 물질은 보관했다가 관람이 끝나면
   돌려주지요.

3. 대통령이 살고 있는 곳 청와대에서는 지정
   된 곳에서만 사진 촬영을 할 수 있어요.

영빈관
대규모 연회를 열거나 외국의
중요한 손님들을 위한 공식
행사를 치르는 곳이에요.

본관
대통령이 일하는 곳과 외국이
나 외부의 손님들을 접대하는
공간으로 꾸며져 있어요.

여민관(대통령비서실)
대통령 비서진이 근무하는 곳으로, '여민1, 2, 3
관'이라고 불러요. '여민관'이라는 이름은 백성
들의 기쁨과 슬픔을 함께하는 곳이라는 '여민
고락'에서 따왔어요.

천 년의 역사를 가진 청와대

청와대가 지금과 같이 대통령의 공간으로 쓰인 것은 1948년 대한민국 정부가 처음 세워졌을 때부터예요. 이승만 대통령이 이곳에 살면서 나랏일을 돌보았을 때는 이곳을 청와대라고 부르지 않고 경무대라고 불렀어요. 청와대(靑瓦臺)라는 이름을 맨 처음 사용한 사람은 윤보선 대통령이에요. 경무대가 이승만 정권을 상징해 부정적인 이미지가 느껴진다고 여겼기 때문이지요.

그럼, 청와대 터가 역사 속에 처음 등장한 때는 언제일까요? 바로 고려 시대였어요. 고려 시대에는 개경(開京), 서경(西京), 동경(東京)을 삼경(三京)으로 삼았어요. 그러나 문종 때에 동경이 수도 개경에서 멀다는 이유로 동경 대신 지금의 청와대 자리를 남경(南京)으로 삼아 새로운 삼경을 만들었어요. 그 뒤 충렬왕 때 삼경제가 사라지면서 청와대 자리는 한동안 역사 속에서 잊혀졌어요.

이후 청와대가 역사 속에 다시 등장한 것은 조선이 세워졌을 무렵이에요. 태조 이성계는 새 수도를 만들기 위해 새 궁궐 터를 찾았는데, 그 결과 고려의

이곳을 삼경으로 삼겠노라~

청와대 연표

고려 문종 (1067년) – 지금의 청와대 자리를 남경(南京)으로 삼음.

조선 태조 (1394년) – 조선의 궁궐터가 됨.

조선 세종 (1426년) – 경복궁 후원이 생김.

조선 선조 (1592년) – 임진왜란으로 경복궁과 후원이 폐허가 됨.

조선 고종 (1865년) – 경복궁과 후원이 다시 지어짐.

일제 강점기 (1926년) – 일본 총독 관저가 지어짐.

미군정 (1945년) – 미군 사령관의 관저가 됨.

대한민국 정부 수립 (1948년) – 이승만 대통령의 집무실로 사용됨.

별궁인 남경이 낙점*되었어요. 그 궁궐이 바로 경복궁이지요. 세종 때 지금의 청와대 자리에 경복궁 후원을 만들었지만, 임진왜란으로 경복궁과 후원은 완전히 폐허가 됐어요. 그 이후 고종 때 흥선 대원군의 노력으로 경복궁이 다시 지어져 화려하게 부활했어요.

그러나 조선을 침략한 일본은 경복궁의 일부를 허물고 조선 총독부를 지었어요. 또, 일본은 조선 왕조의 상징인 경복궁의 기운을 완전히 누르기 위해 청와대 자리에 총독 관저를 세웠어요. 해방 이후 미군정 시절에는 미군 사령관의 관저로도 사용했어요. 그러다가 1948년 대한민국 정부가 수립되면서 이승만 대통령이 이 건물에서 초대 대통령으로서 일하기 시작했지요.

해방이 됐지만 국가의 최고 통치자가 집무를 보는 곳은 여전히 일제 총독이 세웠던 관저였어요. 이후에도 43년 동안 윤보선, 박정희, 전두환, 노태우 대통령이 계속해서 이곳을 집무실로 사용했어요. 그러다가 1991년 9월 노태우 대통령 임기 중간에 청와대 본관이 새로 세워져서 오늘날까지 이르고 있답니다.

*낙점 : 여러 후보가 있을 때 그중에서 마땅한 대상을 고르는 거예요.

하늘 아래 가장 복 있는 곳

　지금의 청와대는 노태우 대통령 때 새로 지어진 거예요. 청와대 본관이 너무 좁아서 손님을 맞이하기에 불편했기 때문에 건물을 새로 짓기로 했지요. 청와대를 새로 짓던 1990년 2월, 공사장 바로 뒤편에서는 '천하제일복지(天下第一福地)'라는 푯돌이 발견되었어요. 이 문구를 해석하면, '하늘 아래 가장 복 있는 곳'이라는 뜻이지요. 이 푯돌은 풀숲에 버려져 있었는데, 조선 중기 때 만들어진 것이라고 해요. 이것만 보아도 청와대가 얼마나 좋은 곳에 위치해 있는지 잘 알 수 있어요.

　대통령은 우리나라를 대표하는 만큼 국민들부터 각종 사회 단체 대표, 경제인, 외교 사절 등 많은 사람들을 만나요. 이렇게 많은 사람들을 만나다 보니, 만나는 사람들의 규모에 따라 다른 건물을 이용해요. 우리나라의 문화를 잘 모르는 외국의 귀한 손님을 대접할 때는 주로 전통 한옥인 상춘재를, 100명 이상 많은 사람들을 초대해 연회를 열 때는 영빈관을 이용하지요.

　또, 청와대 곳곳에는 대통령이 업무를 수행하는 데 필요한 공간들도 있지요. 대통령이 나랏일을 돌보는 데 도움을 주기 위해 많은

비서진들이 근무하는 여민관도 있고요. 외국의 중요한 손님이 방문했을 때 공식적인 국가 행사를 여는 대정원과 대통령과 비서진이 산책을 하면서 휴식할 수 있는 후원인 녹지원이 있어요.

그럼, 지금부터 본관 외에 어떤 곳들이 있는지 청와대 곳곳을 둘러보아요!

행정부의 수장, 대통령

청와대를 둘러보기 전에 먼저 대통령에 대해 잠시 알아보아요. 우리나라가 입법, 사법, 행정의 삼권 분립 제도의 국가가 된 것은 일본으로부터 나라를 되찾아 1948년 대한민국을 세운 때부터예요.

대한민국이 세워진 이후 우리나라는 대통령제뿐 아니라 여러 가지 민주 정치를 시도했어요. 4대 윤보선 대통령 때에는 국무총리가 행정부의 수장 역할을 하는 의원 내각제를 실시했어요. 이후 5대 박정희 대통령 때부터는 다시 대통령제를 유지하고 있지요. 또 대통령의 임기도 처음에는 4년, 12대 때는 7년이었다가 13대부터는 5년으로 바뀌었어요.

오늘날 나라를 다스리는 대통령은 옛날 왕이 세자에게 모든 권력을 물려주는 것과는 달리 선거를 통해 뽑힌 국민의 대표랍니다. 그래서 대통령은 국민의 의견을 존중하고 국민이 행복하고 편안하게 살 수 있도록 나랏일을 해야 하지요.

그렇다면 어떤 사람이 대통령이 될 수 있을까요? 물론 대통령이 되려면 먼저 뛰어난 인품과 능력을 갖추고 온 국민의 믿음을 얻어야겠지요. 이뿐 아니라 대통령 선거에 나서려면 몇 가지 자격 조건이 있어요. 먼저 선거일 기준으로 현재 만 40세가 넘는 우리나라 국민이어야 하고요. 또 정당이나 일정 인원 이상의 추천을 받아야 하지요.

이런 과정을 거쳐 뽑힌 대통령은 우리나라를 대표해서 국제회의에 참석하고 다른 나라의 국가 원수와 외교 회담

대통령의 의무와 권한

1. 대통령은 행정부를 이끌며, 국가의 안전을 책임진다.
2. 대통령은 공무원을 임명하고, 국군을 통솔한다.
3. 대통령은 국회의 동의를 얻어 국무총리와 대법원장을 임명한다.
4. 대통령은 국무 회의를 거쳐 외교, 국방, 통일, 경제, 교육 등 국가의 여러 가지 중요한 일을 결정한다.
5. 국민의 생활에 필요하다고 생각되는 법률을 국회에 제출할 수 있다.

국무 회의에서 대통령은 의장이 되어 나라의 중요한 문제를 의논해요.

의장대통령

을 해요. 나랏일을 하는 데 대통령 혼자서 모든 일을 할 수 없기 때문에 행정부와 비서실을 두고 나라를 다스리지요. 국무총리는 대통령을 보좌하여 여러 가지 일을 처리하고, 각 부처를 조정하는 일을 맡아요. 기획재정부는 나라의 경제 정책을 종합적으로 수립하고 조정하는 일을 맡고, 외교부는 외국과의 무역이나 조약 체결에 관한 일을 하지요. 행정안전부는 정부 조직 및 지방 자치 단체를 관리하고 국가의 치안 및 국민 투표에 관한 일을 담당해요. 교육부는 학교 교육 및 성인의 평생 교육, 인적 자원을 개발하고 과학 기술을 발전시키는 일을 하고요. 여성가족부는 여성 정책을 계획하고 새로운 가족 정책을 만들기도 하지요. 이 밖에도 각각의 부서들이 나랏일을 나누어 맡아 하고 있어요.

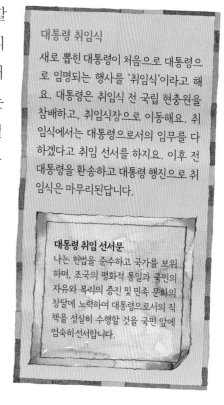

대통령 취임식

새로 뽑힌 대통령이 처음으로 대통령으로 임명되는 행사를 '취임식'이라고 해요. 대통령은 취임식 전 국립 현충원을 참배하고, 취임식장으로 이동해요. 취임식에서는 대통령으로서의 임무를 다 하겠다고 취임 선서를 하지요. 이후 전 대통령을 환송하고 대통령 행진으로 취임식은 마무리된답니다.

대통령 취임 선서문

나는 헌법을 준수하고 국가를 보위하며, 조국의 평화적 통일과 국민의 자유와 복리의 증진 및 민족 문화의 창달에 노력하여 대통령으로서의 직책을 성실히 수행할 것을 국민 앞에 엄숙히 선서합니다.

행정부 조직도

행정부에는 국무총리 외에도 여러 부와 처, 청 그리고 위원회를 두고 있어요. 현재의 행정부는 18부 5처의 체제를 갖추고 있어요. 각 부에서는 국세청, 관세청, 경찰청 등 여러 청을 두어 부가 하는 일을 돕고 있어요.

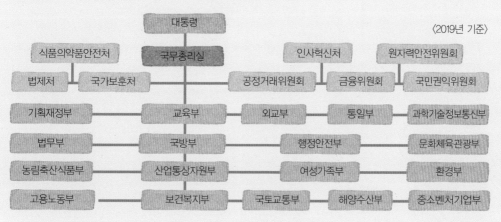

〈2019년 기준〉

대통령 — 국무총리실

식품의약품안전처 / 인사혁신처 / 원자력안전위원회

법제처 — 국가보훈처 / 공정거래위원회 / 금융위원회 / 국민권익위원회

기획재정부 — 교육부 — 외교부 — 통일부 — 과학기술정보통신부

법무부 — 국방부 — 행정안전부 — 문화체육관광부

농림축산식품부 — 산업통상자원부 — 여성가족부 — 환경부

고용노동부 — 보건복지부 — 국토교통부 — 해양수산부 — 중소벤처기업부

프레스 센터, 춘추관

경복궁 주차장에서 버스를 타고 청와대 관람을 위해 처음 도착하는 곳은 춘추관이에요. 1990년에 완공된 춘추관은 주위 경치와 잘 어울리도록 **맞배지붕**에 기와를 올려 전통적인 우아함을 보여 주고 있어요.

춘추관은 대통령 또는 비서진들이 기자 회견을 하는 장소이면서 청와대를 드나드는 기자들이 신문사나 방송사로 기사를 전달하는 공간이기도 해요. 국내외 언론사 기자 300여 명이 드나들면서 청와대에서 발표하는 나랏일과 관련한 중요한 문제들을 국민들과 전 세계에 알리는 곳이지요.

춘추관은 지하 1층, 지상 3층의 건물로, 1층은 기자들의 기사 송고실과 자료실 겸 **소브리핑실**로 꾸며져 있어요. 2층에는 대통령 기자 회견과 각종 국내외 문제에 대해 간추려서 보고하는 다목적실이 있어요.

춘추관이라는 이름은 중국 유교 경전 중 하나인 '춘추'에서 따온 말로, 엄격하고 잘잘못을 정확하게 판단해 역사를 기록하는 곳이라는 뜻이 담겨 있어요. 조선 시대의 춘추관은 왕이 행한 일을 기록하는 실

❀ 맞배지붕
지붕의 옆면이 모두 드러나는 지붕으로, 한자의 '팔(八)' 자 모양을 이룬 지붕을 말해요.

❀ 소브리핑실
요점을 간추린 보고를 하는 작은 공간이에요.

❀ 춘추
유교 경전 중의 하나예요. 공자가 노나라 242년 간의 역사적 사실을 기록한 책이에요.

춘추관 전경

록을 만드는 등 역사 기록을 담당하는 곳이었어요. 지금도 춘추관은 청와대의 역사를 기록하기 위해 전속 사진 기자 2명과 전속 방송 카메라 기자 2명이 항상 근무하고 있어요. 또, 춘추관에는 속기사도 있어 대통령과 비서진들의 공식적인 발언을 기록하고 이를 언론에 나누어 주고 있어요. 오늘날 춘추관은 이같은 기능 이외에도 각종 편의 시설로 각 언론사들의 자유로운 취재를 도와주고 있지요.

청와대를 드나드는 기자들은 주로 각 언론사의 정치부 기자들이 맡고 있어요. 청와대를 드나드는 기자들은 청와대에서 일어나는 일에 대해 청와대에서 제공해 주는 각종 보고를 받고, 춘추관 안의 각종 취재 편의 시설을 자유롭게 이용할 수 있어요. 청와대를 드나드는 기자 외에 다른 기자들은 함부로 취재 활동을 할 수 없어요. 다른 기자들이 청와대를 취재하려면 대변인실 직원을 먼저 만나는 절차를 거쳐야 하지요. 이런 과정을 살펴보면 나라에 대한 작은 정보라도 소중하게 다루려는 노력을 알 수 있어요.

춘추관 내의 브리핑 룸

기사 송고실
출입 기자들이 기사를 내보내는 곳이에요.

춘추관의 신문고

춘추관 2층의 문을 열고 나가면 휴게실 옆에 신문고가 있어요. 신문고는 조선 시대에 만들어졌던 것으로, 왕이 백성의 억울한 사연을 직접 듣고 처리하기 위해 궁궐의 문루*에 달아 놓았던 북을 말해요. 이 신문고는 국민의 목소리에 귀 기울이겠다는 대통령의 의지를 담아 1990년에 만든 것이에요.

* 문루: 궁문, 성문의 바깥문 위에 지은 다락집을 말해요.

이게 말로만 듣던 신문고구나.

청와대의 휴식 장소, 녹지원

녹지원은 대통령과 영부인, 그리고 청와대 식구들이 쉴 수 있는 청와대의 후원이에요. 이곳은 청와대에서 가장 아름다운 곳으로도 유명하지요. 높이 17미터, 나이가 160살이나 되는 소나무가 있어 푸른 땅이라는 뜻의 녹지원이라고 이름 붙였다고 해요. 역대 대통령들이 기념으로 심었던 나무들과 소나무, 감나무, 단풍나무, 벚나무, 계수나무, 회화나무를 비롯해 120여 종의 나무가 푸르게 잘 가꾸어져 있지요. 특히 회화나무는 귀신을 쫓는 나무라고 해서 옛날부터 양반집에는 꼭 심었던 나무라고 해요.

녹지원은 원래 경복궁의 후원으로, 농사를 장려하는 채소밭이었어요. 후원은 궁궐의 북쪽편 산자락에 있는 온실을 겸해 왕과 궁궐에서 사는 사람들이 잠시 쉬었던 공간을 말해요. 위치에 따라 '북원(北苑)'이라고 부르고, 아무나 들어갈 수 없다는 뜻으로 '금원(禁苑)'이라고도 불렀어요. 이곳은 여러 개의 이름만큼이나 다양한 쓰임새를 가지고 있었어요. 당시 '농자천하지대본'이라고 해서 중요하게 여겼던 농사를 백성들에게 장려하기 위해 왕이 이곳에서 직접 농사를 지었어요. 또, 왕이 지켜보는 가운데 군사 훈련을 펼치기도 했지요. 워낙 자연 경관이

🌸 농자천하지대본
농사가 사람이 살아가는 데 근본이 된다는 뜻이에요.

행사를 준비하고 있는 녹지원의 풍경이에요.

뛰어난 곳이다 보니, 연회도 자주 열렸답니다. 이렇게 다양한 일들을 할 수 있었던 것은 지금의 청와대가 있던 곳이 전부 예전에는 후원 안에 포함되었기 때문이에요.

왕은 농사를 장려하기 위해 지금의 청와대 자리인 후원에서 직접 농사를 지었어요.

일제 강점기 때에는 이곳이 총독 관저의 정원으로 쓰이면서 닭, 돼지 등 가축을 기르는 사육장과 온실 등이 만들어졌어요. 그 이후 1968년에는 1000여 평의 평지에 잔디를 깔고 정원을 만들어 지금의 모습과 비슷해졌지요. 주로 야외 행사장으로 쓰여 어린이날, 어버이날, 장애인의 날 행사 등이 치러졌어요. 1995년에는 인근 주민 3000여 명을 초청해 음악회를 열기도 했지요.

행사 때 말고도 녹지원은 운치를 느낄 수 있는 공간이에요. 녹지원의 잔디밭 가장자리를 둘러싼 산책길과 숲 속에 나 있는 조그만 오솔길에서는 솔향기와 꽃 냄새를 맡으며 산책할 수 있지요. 녹지원은 규모가 크지는 않지만 아기자기하고 조화롭게 잘 꾸며져 있어 잠시 눈을 감고 쉬었다 가는 것만으로도 휴식을 얻을 수 있는 곳이에요.

여기서 잠깐!

청와대 속 작은 정원

다음 보기 가 설명하는 곳은 어디인지 괄호 안에 써 넣으세요.

> 보기
> 최고 통치자가 재충전을 하는 장소로, 조선 시대에는 경복궁의 후원으로 사용되었던 곳이에요. 넓은 잔디밭 주변에는 소나무를 비롯해 120여 종의 나무가 잘 가꾸어져 있지요.

(   )

☞ 정답은 56쪽에

정겨운 한옥 건물, 상춘재

계단을 올라가면 상춘재를
만날 수 있어요.

여민관을 등지고 녹지원 쪽을 바라보면 산 중턱의 숲 속에 전통 한옥이 살포시 숨어 있어요. 이 단아한 한옥 건물이 바로 상춘재예요. 한옥 건물이 작은 마당을 가운데 두고 ㄱ자로 둘러서 있지요. 조선 시대의 궁궐에서는 여러 기능을 가진 건물들이 거미줄처럼 연결되어 있었어요. 경복궁의 후원에도 융무당과 경무대 등 여러 건물이 있었는데, 청와대의 후원인 녹지원에는 상춘재 하나밖에 없지요. 아마 옛날 궁궐에 비해 터가 좁기도 하고, 궁궐처럼 많은 사람들이 한곳에 살지 않기 때문일 거예요.

상춘재는 재료부터 건축 양식까지 전통 한옥을 그대로 표현해 만들었어요. 전두환 대통령 재임 기간인 1983년 4월에 완성되었는데, 청와대에서 조선 시대의 건축 양식을 볼 수 있는 유일한 전통 한옥 건물이지요.

일제 강점기 때에는 현재 상춘재 자리에 조선 총독

소나무 사이로 상춘재가 수줍게 얼굴을 내밀고 있어요.

부 관저의 별관인 매화실이 있었어요. 우리나라가 독립한 후, 이승만 대통령 시절에는 이름을 상춘실로 바꾸었지요. 1977년 12월에는 상춘실을 무너뜨리고, 1978년 3월 천연 슬레이트 지붕으로 된 서양식 목조 건물을 다시 지어 상춘재라고 이름 붙였어요. 그 뒤 1983년에 200년 이상 된 **춘양목** 등을 사용해 온돌방 1개와 **대청마루**가 있는 전통 한옥 건물을 만들었어요. 구조는 온돌방 2칸, 주방 1칸, 마루, 화장실 1칸, 대기실 1칸, 지하실로 이루어져 있지요.

일본이 청와대 터에 있는 우리 건축물을 허물고 총독 관저를 지은 다음부터 1983년까지 청와대에는 전통 한옥이 하나도 없었어요. 이승만 초대 대통령은 일본 총독이 쓰던 관저를 경무대라고 이름만 바꾼 뒤 일제 강점기 때의 건물을 그대로 사용했어요. 외국 손님이 와도 우리나라의 전통적인 집을 소개할 길이 없었지요. 그래서 전두환 대통령 때 전통 한옥을 건축했고, 현재는 외국의 손님을 맞이하거나 비공식 회의를 여는 장소로 사용하고 있어요.

🌸 **춘양목**
경상북도 봉화군 춘양면과 소천면 일대의 높은 산 지대에서 자라는 소나무를 말해요.

🌸 **대청마루**
한옥에서 몸채의 방과 방 사이에 있는 큰 마루예요.

전통 한옥의 팔작지붕

팔작지붕은 전통 한옥에 쓰이는 지붕 구조 중 하나예요. 합각지붕·팔작집이라고도 부르지요. 지붕 위까지 팔(八)자 모양의 널빤지가 달려 용마루 부분이 삼각형의 벽을 이루고 있어요. 청와대 본관도 팔작지붕 형태로 지었어요. 맞배지붕과 함께 한옥에 가장 많이 쓰이고 있어요.
합각지붕은 우진각 지붕 위에 맞배 지붕을 올려놓은 것 같은 모양을 가진 지붕이에요. 용마루, 내림마루, 추녀마루를 모두 갖춘 가장 화려하고 장식적인 지붕이에요.

상춘재는 우리나라 전통 가옥의 아름다움을 살려 지은 건물이에요.

합각면

부티풀! 오~ 뷰티풀~!

대통령 비서실, 여민관

여민관 전경

여민관은 대통령의 일을 돕는 비서들이 근무하는 대통령실이에요. '여민'은 국민의 기쁨과 슬픔을 함께하는 곳이라는 의미의 '여민고락(與民苦樂)'에서 따온 말이지요. 여민관은 모두 세 채의 건물로 이루어져 있는데 1관은 2004년, 2관은 1969년, 3관은 1972년에 만들어졌어요. 여민 1관에는 대통령 비서들이 본관으로 이동하는 불편을 덜기 위해 대통령 간이 집무실까지 있지요.

여민관은 조선 시대 궁궐로 따지면 궐내각사에 해당해요. 궐내각사는 궁궐 안에서 활동하는 관리들의 활동 공간이지요. 궐내각사는 첫째 정치와 행정 업무를 담당하는 정규 관리들의 활동 공간, 둘째 왕실 시중과 궁궐의 시설을 관리하는 관리 기구, 셋째 경비와 호위 등 군사 업무를 맡는 군사 기구로 나눌 수 있어요. 여민관은 이 중 첫째와 둘째 기능을 가진 관리들이 활동하는 곳이지요.

이 가운데 정치적으로 가장 중요한 기능을 했던 것은 정규 관리들이 활동하는 공간이었어요. 그 역할에 따라 중요한 몇 가지만 알아보면 다음과 같아요. 정승이나 판서 등 높은 관리들의 회의 공간이었던 빈청, 이조와 병조의 관리들이 들어와 사람들을 가려 뽑아 쓰는 업

여민관에 있는 대통령 간이 집무실

정승
조선 시대 의정부의 삼정승을 통틀어 부르는 말이에요.

판서
조선 시대 육조의 으뜸 벼슬로, 정승보다는 낮은 정이품의 벼슬이에요.

무를 보는 정청, 왕의 명령을 담당하는 승지들의 관청인 승정원, 학문을 닦아 왕의 일을 돕고 왕과 함께 경전과 역사책을 토론하는 홍문관, 외교 문서를 다루는 예문관 등이 있어요.

2019년 현재 청와대의 대통령 비서실은 비서 실장 1명, 정책 실장 1명, 수석 8명, 국정상황실, 비서관, 보좌관 등 많은 사람이 일하고 있어요. 비서 실장의 지휘 아래 정책 실장, 경제 수석, 일자리 수석, 사회 수석, 정무 수석, 시민사회 수석, 민정 수석, 국민소통 수석, 인사 수석, 대변인 등이 활동하고 있어요. 비서 실장은 대통령의 명을 받아 대통령실의 사무를 처리하면서 대통령실에 소속된 모든 공무원을 지휘하고 감독하는 역할을 하지요.

새로운 대통령이 들어설 때마다 새로운 비서진들이 청와대에 들어가서 대통령 선거 당시에 내세운 공약과 새로운 정책을 나랏일에 반영하기 위해 노력하고 있답니다.

수석 보좌관

대통령 혼자서 온 나라의 일을 모두 할 수 없기 때문에 행정부에서는 국무총리를 두고 그 밑에 국방부 장관과 외교부 장관 등 여러 장관들을 두고 일을 해 나가고 있어요. 이와 같이 비서실에서 대통령이 나랏일을 돌볼 수 있도록 도와주는 각 분야의 책임자를 수석 보좌관이라고 해요.

수석 보좌관 회의실

이조
관리를 뽑고, 과거 시험을 치르는 등의 업무를 맡아보던 관청이에요.

병조
군사와 공문을 관리하던 조선 시대의 관청이에요.

승지
왕명의 출납을 담당하는 관리예요. 도승지, 좌승지, 우승지, 좌부승지, 우부승지, 동부승지 등 모두 6명의 관리가 있었어요.

대통령 비서실 조직도

```
                    대통령
                      │
                   비서 실장
                      │
                      │              ┌─ 경제보좌관
                  정책 실장 ──────────┤
                      │              └─ 과학기술보좌관
          ┌───────────┼───────────┐
       경제 수석   일자리 수석   사회 수석

  정무 수석 ─ 시민사회 수석 ─ 민정 수석 ─ 국민소통 수석 ─ 인사 수석
```

〈2019년 기준〉

치욕의 자리, 수궁터

수궁터 푯돌

🌸 **관저**
정부에서 장관급 이상의 높은 관리들이 살도록 마련한 집이에요.

🌸 **배미**
논을 세는 단위예요.

일제 강점기에 총독 관저로 사용되었던 건물은 독립 이후 미군정 사령관의 관저로 쓰였어요.

수궁터는 일본 총독 관저 건물인 옛 본관을 철거하고 원래 이름을 찾아 회복시킨 곳이에요. '수궁'이란, 궁궐을 지키는 군인을 훈련시키던 곳이라는 뜻에서 붙여진 이름이에요. 지금은 일본 총독 관저의 푯돌과 잔디로 덮인 평평한 터만 남아 과거의 치욕을 말해 주고 있어요.

삼각산(북한산의 옛 이름)의 정기를 이어 받아 북악산을 거쳐 경복궁 쪽으로 길게 뻗어 내린 이 산자락은 예로부터 명당으로 알려져 고려 시대인 숙종 9년(1104년)에는 왕실의 별궁이 자리 잡았던 곳이에요. 조선 시대에는 경복궁의 후원으로 왕궁을 지키기 위한 수궁, 경무대, 융문당, 경농재, 벽화실, 오운각 등 모두 232칸의 건물과 임금이 친히 논을 일궈 농사가 국가의 근본임을 일깨우던 8배미의 논이 있었어요.

1939년 7월, 일본은 우리 민족의 정기를 끊어 놓기 위해 예로부터 제일 복 있는 곳으로 알려졌던 이곳에 총독 관저를 세웠어요. 이 건

물은 경복궁 안에 있던 조선 총독부 청사와 더불어 **외세 침탈**의 상징이었어요.

🌸 **외세 침탈**
외국의 세력이 나라를 침범하여 빼앗는 거예요.

이 총독 관저는 우리나라가 해방된 이후에는 1948년 3월까지 미군정 사령관의 거처로 사용되었고, 대한민국 정부가 수립된 뒤에는 역대 대통령의 집무실과 관저로 쓰였어요. 1990년 10월에 관저를, 1991년 9월에는 본관 건물을 새로 지어 옮기면서 이곳은 빈집으로 남게 됐어요.

1993년 11월, 김영삼 대통령은 민족 정기를 바로잡고 국민들의 자긍심을 되살리기 위해 옛 총독 관저 건물을 철거하고 총독 관저가 생기기 이전의 모습으로 되돌려 놓았어요. 그리고 원래 이곳에 있던 건물의 명칭을 따라 '수궁터'라고 부르게 했지요.

🌼 **주목**
높이 15~20미터로, 끝이 뾰족하고 아래는 둥근 모양의 잎을 가진 나무의 이름이에요.

수궁터에는 살아서 천 년, 죽어서 천 년, 썩어서 천 년을 간다는 **주목**을 볼 수 있어요. 고려 25대 충렬왕 때인 1280년에 심은 것이라고 하니 나이가 728살이나 됐어요. 청와대 터를 700년 넘도록 지켜온 산 증인이라 할 수 있지요.

수궁터에 심어져 있는 주목이에요.

여기서
잠깐!

수궁터의 옛 주인

다음 중 수궁터 자리의 건물을 사용하지 않던 사람은? (　　　)
① 조선 시대의 왕　② 일본 총독　③ 미군정 사령관　④ 문재인 대통령

도움말 수궁터 자리에는 일본 총독과 미군정 사령관이 사용했던 옛 일본 총독 관저 건물이 있었어요. 이 건물은 김영삼 대통령이 철거하기 전까지 청와대의 집무실과 관저로 쓰였어요.

☞ 정답은 56쪽에

청와대 속 전통의 향기

　전통적인 건축 양식을 바탕으로 한 청와대 건물들은 우리 건축물의 멋을 웅장하고 아름답게 살리고 있어요. 본관뿐 아니라 춘추관 등 청와대에 있는 건물들을 하나하나 살펴보면 우리 건축물의 양식과 궁궐 건축물에 숨겨진 뜻을 알 수 있지요.

　한옥의 지붕은 그 모양에 따라 '팔작지붕', '맞배지붕', '우진각지붕' 등 3가지 양식으로 구분해요. 팔작지붕은 우리 전통 지붕 모양 중 가장 아름답고 격조 높은 양식으로 꼽혀요. 팔작지붕은 경복궁 근정전과 창덕궁, 인정전 등 가장 으뜸이 되는 건물에 주로 사용되었는데, 청와대 본관에도 사용됐어요.

　맞배지붕은 가장 단순한 지붕 형태로, 지붕 양면이 서로 경사를 이룬 팔(八)자형 모양이에요. 조선 시대에는 상류층의 행랑채와 서민층 주택의 몸채에 주로 이용했어요. 청와대에서 맞배지붕을 한 건물은 춘추관이랍니다.

　우진각지붕은 처마 끝에서부터 활시위처럼 휘어진 지붕 네 모서리의 추녀마루*가 용마루* 또는 지붕의 중앙에서 합쳐지는 모양이에요. 우진각지붕은 숭례문과 흥인지문, 광화문 등의 성문이나 누각*에 많이 사용했어요. 청와대에서는 춘추관 옆 신문고 누각의 4각 지붕이 우진각지붕의 예라고 할 수 있어요.

　이 밖에도 청와대 본관 지붕을 보면 궁궐 건축에 사용된 건축 양식이 있어요.

팔작지붕을 얹은 청와대 건물

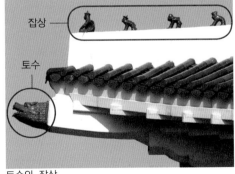

토수와 잡상

잡상은 명나라 때 소설 '서유기'에 등장하는 손오공, 사오정, 저팔계 등을 추녀 위에 만들어 놓은 것으로, 나쁜 귀신을 쫓는 거예요. 취두와 벽사에도 이와 같은 의미가 있지요. 4쌍의 공포는 지붕의 무게를 우아하게 떠받치고요. 용이 여의주를 물고 하늘로 승천하는 모양의 장

취두

벽사

식 기와인 취두, 서까래의 부식을 막는 토수, 무서운 얼굴을 한 지붕 끝의 장식 기와 벽사도 전통적인 건축 양식이에요.

청와대 곳곳을 살펴보면 더 많은 우리 전통 문화들을 찾을 수 있어요. 본관 앞과 영빈관에 있는 해치는 하마(말에서 내리는 곳)를 뜻하는데, 지금도 공식 환영식 때 외국 정상을 태운 승용차 등 청와대를 출입하는 사람들이 해치상 앞에서 내리지요. 본관 앞에 있는 '드므'는 불의 신을 쫓아 버린다는 의미를 가지고 있지요.

또, 조선 시대 임금을 상징하던 용과 봉황은 대통령을 상징하는 동물로 청와대 지붕과 집무실, 영빈관 앞에 있는 분수대 등 곳곳에서 만날 수 있어요.

*추녀마루 : 당마루에 이어 추녀를 기와로 덮은 부분이지요.
*용마루 : 지붕 가운데 부분에 있는 가장 높은 수평 마루예요.
*누각 : 사방을 바라볼 수 있도록 문과 벽이 없이 다락처럼 높이 지은 집이에요.

영빈관 해치

본관 해치

드므

대통령의 공간, 청와대 본관

    대통령이 나랏일을 살피는 공간인 청와대 본관은 우리의 전통 건물을 본떠서 만들었어요. 특히 본관 지붕에 올린 청기와는 도자기처럼 한 개씩 정성껏 구워서 만들었기 때문에 그 수명이 100년이 넘을 정도로 튼튼하다고 해요. 청기와 하나하나가 바로 고려청자와 같은 도자기인 셈이지요.

    청기와는 고려청자를 굽듯 많은 정성을 들여야 하는 데다가 값이 꽤 비싸서 조선 시대 궁궐인 경복궁이나 창덕궁 같은 왕궁에서도 청기와 대신 검은 기와를 썼대요. 경복궁을

대표하는 건물인 근정전에만 청기와를 사용했다고 하지요.

　청와대 본관은 지하 1층, 지상 2층의 대형 청기와집이에요. 건물은 2층이지만, 실제 높이를 따져 보면 보통 건물의 5층 높이에 해당한다고 해요.

　1층에는 대통령 영부인 집무실과 제2부속실, 만찬 장소로 사용하는 충무실, 인왕실이 있어요. 또 2층엔 대통령 집무실, 접견실, 비서실장실, 수석 비서관 회의실, 백악실 등이 있지요.

　청와대 본관은 대통령이 일하는 곳이기 때문에 관람객들이 들어갈 수 없어요. 다만 밖에서 본관과 별채의 외부 전경을 구경할 수 있지요.

　그럼, 지금부터 청와대 본관 곳곳을 사진과 설명으로 소개할게요!

청와대 본관 들여다보기

대한민국 정부가 세워지고 이승만 대통령이 처음 당선되었을 때에는 경무대(청와대의 예전 이름) 1층을 집무실로, 2층을 생활 공간으로 사용했어요. 당시에는 일본의 총독 관저로 사용했던 건물이기 때문에 손을 보아야 한다는 의견이 많았다고 해요. 주변의 의견에도 불구하고 그 당시에는 건물을 손보지 않았어요.

가장 재임 기간이 길었던 박정희 대통령 때에 와서는 건물을 수리하거나 새로 짓는 일이 많았어요. 집무실이나 가족들의 생활 공간, 소연회실, 지하실 등이 새로 지어졌어요. 1973년에는 경호원들을 위한 숙소와 살림 보관 창고를 2층 건물로 다시 지었고요.

청와대 본관은 본채와 두 개의 별채 등 모두 세 개의 건물로 이루어져 있어요. 이 세 개의 건물은 조선 시대의 궁궐로 따지면 내전과 외전에 해당하지요. 즉 내전의 대전은 대통령 집무실이고, 중궁전은 영부인 집무실이지요. 편전은 세종실과 집현실에 해당하며, 외전은 접견실, 백악실, 충무실이 그 역할을 다하고 있어요.

🌸 **내전과 외전**
내전은 궁궐에서 왕과 왕비의 공식 활동과 일상생활이 이루어지는 공간이에요. 그리고 외전은 왕이 공식적으로 신하들을 만나 의식, 연회를 여는 등 국가의 큰 행사를 치르는 공간이지요.

🌸 **대전, 중궁전, 편전**
대전은 왕이 거처하는 공간이고, 중궁전은 왕비가 거처하는 공간이지요. 편전은 왕과 주요 신하들이 회의하는 공간이었어요. 이 세 곳을 합쳐 내전이라고 불렀어요.

청와대 본관 외부 전경

세종실 본관 충무실

청와대는 경복궁의 후원 터에 들어섰기 때문에 옛날 조선 시대 궁궐만큼의 규모를 가지고 있지 않아요. 경호실과 춘추관 등의 일부 건물이 독립적으로 있기는 하지만, 조선 시대의 건물 규모와 수에 비하면 매우 적은 편이지요. 또 대통령과 영부인이 사용하는 건물은 일상생활을 하는 공간과 공무를 수행하는 공간이 확실히 구분되어 있지요. 대통령의 출가한 자녀들도 모두 청와대 밖에서 살기 때문에 왕실 가족을 위한 별도의 주거 공간이 필요없어요.

또, 청와대가 궁궐과 다른 점은 궁녀나 내시와 같은 사람들이 없다는 것이에요. 외부의 손님을 맞이할 때는 음식을 특급 호텔 요리 팀에게 맡기는 방식이지요.

내부가 조선 시대 궁궐의 대전 같아.

그럼, 지금부터 청와대 본관의 내부를 살펴볼까요? 처음 청와대 본관에 들어온 사람들은 탁 트인 넓은 공간에 눈이 휘둥그레지지요. 본관 본채 홀은 2층으로 올라가는 계단을 사이에 두고 좌우로 거대한 8개의 기둥이 서 있지요. 이 기둥 윗부분은 전통적인 한옥 양식인 공포를 사용하고 있어요.

청와대 본관 내부

우리나라의 역대 대통령

제1~3대 대통령 이승만 1948년 7월~1960년 4월
제4대 대통령 윤보선 1960년 8월~1962년 3월
제5~9대 대통령 박정희 1963년 12월~1979년 10월
제10대 대통령 최규하 1979년 12월~1980년 8월
제11~12대 대통령 전두환 1980년 8월~1988년 2월
제13대 대통령 노태우 1988년 2월~1993년 2월
제14대 대통령 김영삼 1993년 2월~1998년 2월
제15대 대통령 김대중 1998년 2월~2003년 2월
제16대 대통령 노무현 2003년 2월~2008년 2월
제17대 대통령 이명박 2008년 2월~2013년 2월
제18대 대통령 박근혜 2013년 2월~2017년 3월

허정(1960년 4월 ~ 8월), 박정희(1962년 3월 ~ 12월), 최규하(1979년 10월 ~ 12월), 박충훈(1980년 8월)이 대통령의 자리가 비었을 때 잠시 동안 대통령 권한 대행으로 대통령의 역할을 대신했어요.

대통령이 일하는 곳, 집무실

🌸 **어전 회의**
임금 앞에서 중신들이 모여 국가 대사를 의논하던 회의를 말해요.

옛날 궁궐에서는 왕이 일상적인 생활을 하면서 주요 신하들과 중요한 문제를 논의하는 곳을 대전이라고 불렀지요. 조선 시대의 왕들은 **어전 회의**를 비롯한 공식 업무를 모두 대전에서 처리했어요.

집무실은 이렇게 경복궁의 대전과 같은 역할을 하는 곳이에요. 대통령은 이곳에서 집무를 보며 대통령실 직원들과 **각료**들을 불러 국가의 장래가 걸린 문제를 논의해요. 집무실은 국가의 모든 정보가 모이고, 국가의 주요 정책을 세우고 실행하는 곳

조선 시대에는 대전에서 왕과 신하들이 중요한 문제를 논의했어요. 오늘날에는 대통령이 집무실에서 일하면서 각료들과 회의를 해요.

이에요. 또 국무총리와 각 부처 장관, 대통령실 직원 등에게 정부가 정식으로 임명장을 수여하는 곳이기도 해요.

정면에는 대통령이 집무를 보는 책상이 있고 그 뒤에는 대통령을 상징하는 봉황 한 쌍과 무궁화가 새겨져 있어요. 책상 뒤쪽 좌우에는 청와대에서 주관하는 행사에 항상 배치되는 태극기와 봉황, 무궁화 문양의 깃발이 있고, 바닥에 깔린 양탄자에는 동그란 모양의 〈십장생도〉가 그려져 있어요.

🌸 **각료**
한 나라의 내각을 구성하는 각 장관들이에요.

대통령 집무실
대통령이 가장 많은 시간을 보내는 곳이에요.

대통령의 선출과 임기

우리나라 대통령은 국민이 직접 선거를 통해 뽑아요. 우리나라에서는 2017년 제19대 대통령 선거 때까지 직접 선출이 13회, 간접 선출이 7회로 총 19회의 대통령 선거가 실시되었어요. 현재는 헌법으로 대통령의 임기를 5년으로 정하고 있어요. 오랫동안 한 사람이 권력을 잡는 폐해를 없애고 평화적으로 정권이 바뀌도록 해 우리나라 민주 정치를 발전시키려는 의지를 담고 있지요.

확대 정상 회담 장소인 집현실

집현실은 청와대 본관의 2층 접견실 옆에 있는 중간 크기의 회의실이에요. 넓은 탁자와 의자가 놓여 있어 10~20명 정도가 함께 회의를 할 수 있어요. 외국 정상이 방문했을 때 양국 각료들이 함께 앉아 확대 정상 회담을 하는 곳이기도 하지요. 확대 정상 회담은 대통령, 공식 수행원, 필요에 따라서는 해당

확대 정상 회담을 하기 위해 대통령과 실무진들이 모여 있어요.

분야 실무자까지 참석할 수 있는 회담을 말해요. 북핵 문제나 FTA 등 국가들 사이에 이익이 걸린 민감한 문제들을 주로 협의하지요. 대략적인 큰 안건들은 정상 회담에서 마무리되지만, 구체적인 문제들은 주로 이곳에서 열리는 확대 정상 회담에서 논의해요.

소규모 위원회와 수석 보좌관 회의도 집현실에서 이루어져요. 옛날 궁궐에서는 대전과 같은 기능을 하는 곳으로, 외국 사신을 만나거나 공식적인 행사를 하는 곳이지요.

> **FTA**
> 국가 간의 모든 무역 장벽을 제거하는 협정으로, '자유 무역 협정'이라고도 해요.

여기서 잠깐!

대통령이 일하는 곳

다음 보기 에 해당하는 공간은 어디일까요? 알맞은 말을 괄호 안에 써 보세요.

보기	• 예전 궁궐이었던 경복궁의 대전과 같은 역할을 해요. • 대통령이 집무를 하는 곳으로, 가장 많은 시간을 보내요. • 국가의 모든 정보가 모이는 곳이에요.

(   )

☞ 정답은 56쪽에

외부 손님을 만나는 접견실

청와대 접견실의 협정 탁자
탁자 뒤의 벽면이 〈십장생도〉로 꾸며져 있어요.

🌸 협정식
서로 의논하여 결정한 결과를 공식적으로 선포하는 것을 말해요.

대통령은 나랏일을 하면서 많은 사람을 만나요. 대통령이 청와대에서 외부 손님과 만나는 장소로 가장 많이 쓰이는 곳이 접견실이에요. 국내외의 귀한 손님들이 청와대를 방문했을 때 대부분 이곳에서 대통령을 만나 대화를 나눠요. 또 정상 회담이 열릴 때에는 단독 정상 회담을 하는 장소이면서 확대 정상 회담을 마친 뒤 국가 사이에 이뤄지는 각종 **협정식**을 하기도 하지요. 특히 접견실은 장관과 같이 대통령이 주요 인사들에게 임명장을 준 뒤 대화를 나누는 곳으로도 활용되고 있어요.

접견실은 본관 2층에 있는데, 그 안에는 조선 22대 왕인 정조 대왕이 아버지 사도 세자의 묘가 있는 수원으로 행차하는 모습을 그린 〈능행도〉가 걸려 있어요. 사라져 간 우리 옛 모습의 아름다움을 표현한 혜촌 김학수 화백의 작품이지요.

원래 〈정조 대왕 능행도〉는 모두 8폭의 병풍으로 만들어져 있는데, 문화재로 지정돼 국립고궁박물관에 보관돼 있어요. 청와대에 걸려 있는 김학수 화백의 〈능행도〉는 그중 〈환어행렬도〉를 그린 것이에요. 〈환어행렬도〉는 지금의 경기도 시흥시에 있는 당시 행궁에 왕의 행차가 들어가는 모습을 그린 그림이에요.

〈능행도〉에는 왕실의 위엄과 왕의 강력한 **통치**를 표현하기 위해 수많은 사람이 등장해요. 이 중에는 사람뿐 아니라, 개도 일곱 마리나

🌸 통치
나라나 지역을 도맡아 다스리는 거예요.

숨어 있어요. 숨어 있는 개가 어디에 있는지 함께 찾아볼까요? 청와대 출입 기자나 근무자들은 이 개를 모두 찾으면 청와대를 떠날 때가 됐다고 말해요. 그러나 전해 오는 말과는 달리 아쉽게도 아직까지 일곱 마리를 모두 찾은 사람은 없어요.

혹시 그림 속의 개가 원래 여섯 마리였던 것이 아닐까요? 여섯 마리밖에 없는 개가 일곱 마리라고 전해진 것은 숨어 있는 개를 찾듯이 나라와 국민을 위해 더 열심히 일하라는 뜻일 거예요.

접견실에 걸려 있는 〈능행도〉

여기서 **잠깐!**

누렁이를 찾아보세요!

〈능행도〉에서 누렁이를 찾아보세요. 각 그림마다 누렁이가 한 마리씩 들어 있어요.

대통령을 돕는 영부인의 집무실

영부인 집무실

청와대 본관 1층의 뒤쪽에는 대통령 **영부인**이 집무를 보는 곳이 있어요. 좀 더 정확하게 말하면 대통령 배우자의 집무실이라는 표현이 맞을 거예요.

조선 시대 궁궐과 비교하면, 이곳은 궁궐의 중궁전 또는 중전에 해당하지요. 경복궁의 교태전, 창덕궁의 대조전과 창경궁의 통명전이 중궁전이에요. 예전의 중궁전은 왕비가 잠을 자던 곳이면서 궁중 여인과 관련된 업무를 보는 곳이었어요. 이렇게 예전에는 업무를 보는 곳과 생활을 하는 곳이 함께 있었지만, 지금은 대통령과 영부인의 사적인 공간이 관저로 나뉘어 있다는 점이 다르지요.

영부인은 대통령이 국가 업무를 잘 볼 수 있도록 돕는 역할 이외에도 고유한 업무가 있어요. 예를 들면 여성 단체, 복지 단체, 장애인 단체를 돕는 등 사회 활동과 관련한 업무를 주로 맡아 처리해요. 또 대통령이 외국 정상과 회담을 할 때 외국 정상의 배우자와 회담을 하기도 하지요.

옛날에는 왕비가 외교 활동에 참여할 수 없었어요. 하지만 오늘날 영부인은 정상의 배우자와 회담을 하는 등 활발한 외교 활동을 펼치고 있어요.

귀빈을 맞이하는 인왕실과 백악실

인왕실은 10~20명 정도의 사람들이 식사를 하는 장소예요. 주로 **여당 지도부**를 초청하거나 외부 인사들과 함께 식사를 하는 곳이지요.

조선 시대의 궁궐에서는 왕이 신하와 외국 사신 등을 공식적으로 만나는 곳을 **정전**이라고 불렀어요. 경복궁 근정전과 창덕궁 인정전 등이 정전이지요. 그러나 청와대에서는 특별히 정전과 같은 공간이 정해져 있지 않고, 연회가 열리는 목적과 만나야 할 사람들의 수에 따라 행사 장소를 달리 정해요. 주로 인왕실과 접견실, 충무실, 백악실이 그 역할을 하고 있어요.

인왕실

백악실

대통령 집무실 옆에 있는 백악실은 10명 미만을 접견하는 소접견실이에요. 대통령의 공식적인 사무실 가운데 가장 작은 공간이지요. 규모는 작지만 이곳에서는 **여야 영수 회담** 등 주요한 회담이 자주 열려요. 크기가 작다고 해서 격이 떨어지는 것이 아니에요. 기능에 맞게 공간을 활용하는 것이지요.

곧 회담이 열리나 봐!

🌸 **여당 지도부**
여당을 다스리는 직책의 사람들을 말해요.

🌸 **정전**
궁궐 건물 중 왕이 매일 아침 나랏일을 위해 모임을 가지던 곳을 말해요.

🌸 **여야 영수 회담**
여당과 야당의 우두머리들이 문제를 의논하는 것을 말해요.

본관 별채, 세종실과 충무실

세종실 입구

세종실에서 회의를 준비하는 모습

🌸 **국무 회의**
대통령이 의장, 국무총리가 부의장으로 참여해 중요한 정책을 심사하는 행정부의 최고 회의예요.

본관을 정면으로 바라보았을 때 보이는 좌우의 건물이 바로 청와대 본관 별채예요. 이 중 본관을 앞에 두고 선 상태에서 왼쪽 건물이 세종실이에요. 세종실은 세종 대왕의 시호를 따라 이름 붙였는데, 참석자가 50여 명이 넘는 큰 규모의 회의를 하는 대회의실이에요. 궁궐에서 이 같은 역할을 하는 것은 왕이 주요 신하와 함께 공식적인 회의를 여는 건물인 편전이에요.

세종실은 대통령이 중심이 되어 장관급 이상의 국무 위원들이 참석하는 **국무 회의**와 대규모 회의가 이루어지는 곳이에요. 대통령은 각 부처의 국가 사업 등 우리나라에서 벌어지고 있는 많은 일에 대해 장관들과 의논하고 국민과 나라를 위해 결정하고 이를 아래 기관에 내려 보내 국민의 행복을 위해 애쓰도록 하고 있어요.

대통령은 장관들과 함께하는 국무 회의뿐만 아니라 다른 많은 회의를 진행해요. 행정부에서 하지 못하는 일에 대해 각종 위원회를 만들어 국민의 의견을 모아서 정책을 만들기도 해요. 또 사회 단체 대표와 원로들을 초청해 의견을 듣기도 하지요.

세종실 복도에는 역대 대통령의 초상화가 걸려 있어요.

본관에서 동쪽으로 발길을 돌리면 소연회장인 충무실로 들어갈 수 있어요. 수궁터에서 본관으로 갈 때 제일 처음 만나는 건물이 충무실이에요. 충무실은 본관을 사이에 두고 세종실과 나란히 건축된 별채로, 충무공 이순신의 **시호**를 따라 이름 붙인 공간이에요. 외국 정상을 위한 소규모 연회와 외국 대사들이 대통령에게 신임장을 주는 예식을 치르고, 외부 인사들에 대한 임명장을 줄 때 사용해요.

충무실

궁궐에서는 왕이 공식적으로 신하를 만나 의식과 연회 등의 행사를 하는 공간을 외전이라고 해요. 외전은 정전 또는 법전이라고도 부르는데, 경복궁의 근정전과 창덕궁의 인정전이 여기에 속해요. 궁궐에서는 정전

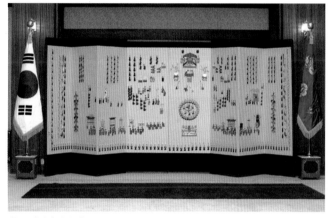

충무실의 〈진연도〉 병풍

이 화려하고 웅장하게 표현되어 있어요. 그러나 청와대에서는 특별히 정전이 정해져 있지 않아요. 연회의 목적과 규모에 따라 장소를 정하지요.

🌸 **시호**
왕이나 충신이 죽은 뒤, 그들의 공덕을 칭송하여 붙인 이름이에요.

여기서
잠깐!

청와대 안의 회의와 연회 공간

다음 조선 시대 궁궐의 공간에 해당하는 청와대의 공간은 어디일까요? 알맞은 것끼리 짝지어 줄로 연결해 보세요.

외전 ●　　　　　　　● 세종실

편전 ●　　　　　　　● 충무실

☞ 정답은 56쪽에

청와대 속 우리 그림과 가구

청와대 본관 안으로 들어와 2층으로 올라가는 계단에서 천장을 올려다 보면 두 개의 샹들리에가 보여요. 샹들리에 장식은 지붕의 무게를 떠받드는 우리 전통의 건축 방법인 공포를 현대적 감각으로 표현한 거예요. 또 샹들리에 위쪽을 보면, 많은 점과 점들이 직선으로 연결돼 있는 것이 보여요. 자세히 보면 별자리의 운행을 표현한 천문도라는 것을 알 수 있어요. 이 천문도는 전통적인 천문도인 〈천상열차분야지도〉의 형태를 본떠 만들었어요.

〈천문도〉

오용길 화백의 〈산수〉

오용길 화백의 〈화조〉

우리 역대 왕조는 왕의 권력과 위엄을 나타낸다고 하여 '천문도'를 귀중하게 여겼어요. 옛날에는 하늘의 별자리 운행을 잘 살피는 것이 권력을 유지하는 중요한 임무였기 때문이지요. 지금처럼 과학 기술이 발달하기 전 농경 국가에서 별자리의 움직임과 날씨를 관측하는 것은 국가의 중요한 통치 방법이었어요. 왜냐하면 비가 얼마나 내리는지의 여부는 농사를 짓는 사람들에게 아주 중요한 문제였거든요. 기온의 높고 낮은 정도에 따라서도 농작물을 거두어들이는 양이 달라져서 백성들의 삶에 영향을 주었지요. 또, 날씨는 나라에서 세금을 거두어들이는 데 중요한 기준이 되었어요. 뿐만 아니라 천문도는 길흉화복을 점치는 점성술에도 쓰였어요.

이 밖에도 청와대에는 우리 고유의 멋을 드러내는 그림이나 가구를 많이 소장하고 있어요. 그 대표적인 것으로, 오용길의 작품 〈산수〉를 들 수 있어요. 오용길은 정선이 이룩한 진경산수의 정신을 현대적으로 이어받은 화가예요. 우리 주위에서 볼 수 있는 산과 들, 돌 등을 전통적인 방법으로 그렸지요. 거대한 산이나 오묘한 심산 유곡은 없지만, 기차를 타고 가다가 흔히 만날 수 있는 우리의 시골길, 농촌 풍경 등의 정겨움이 그대로 살아나 있어요.

이 외에도 청와대 복도와 각각의 사무실은 우리 전통의 가구로 꾸며져 있어요. 일부는 옛날 왕실의 가구와 같이 화려한 것도 있지만 우리 전통 선비들이 주로 사용한 소박한 가구들이 주로 전시돼 있어요.

청와대 안에 있는 예술 작품들은 모두 우리 것이에요. 우리나라 화가들이 그린 그림이나 조각품, 청와대 구석구석에 놓여 있는 전통 가구들은 우리 것을 은은하게 표현하고 있어요. 이러한 장식 소품들은 청와대를 방문하는 사람들에게 우리 문화를 알리는 역할을 톡톡히 하고 있지요.

청화 백자

붉은색 칠을 한 자개장식장인 '주칠 나전장'이에요.

소박한 멋을 풍기는 2층 장롱이에요.

사대부가에서 사용한 듯한 2층 책장이에요. 책장 위에는 삼국 시대에 사용했던 질그릇이 놓여 있어요.

청와대의 손님을 맞이하는 곳

청와대에도 조선 시대 궁궐에서 국가 행사를 치렀던 '조정' 같은 넓은 공간이 있어요. 바로 청와대 본관 앞의 넓은 잔디밭인 '대정원'이지요. 이곳은 조정처럼 품계석이 세워져 있지는 않지만, 국가 행사를 할 수 있도록 잘 꾸며져 있어요.

외국의 정상이나 귀한 손님이 방문하면 이곳에서 공식적으로 환영하는 행사와 의장대 사열* 등을 하게 되지요. 이런 때에는 잔디가 없는 곳에 붉은 양탄자를 까는데, 대통령과 외국의 정상은 이곳을 함께 걷지요.

공식 환영식이 열리는 날에는 전통 옷차림을 한 전통 의장대와 현대식 의장대, 취타대와 현대식 군악대 등으로 편성된 부대가 외국 정상을 맞이하지요.

대정원 옆에는 외국의 귀한 손님을 위해 만찬을 여는 '영빈관'도 있어요. 이곳은 많은 사람들이 참여하는 저녁 만찬 등을 위한 장소로 쓰이는 곳이랍니다.

그럼, 지금부터 청와대의 손님맞이 장소들을 둘러보아요.

*사열 : 국군력을 과시하기 위해 군대의 훈련 정도를 살피는 일을 말해요.

국가 행사를 치르는 대정원

청와대 본관에서 남쪽을 바라보면, 아래로 넓은 뜰이 보여요. 이곳을 청와대 대정원이라고 하지요. 대정원에서는 외국의 국가 원수나 국가의 중요한 손님이 공식적으로 방문할 때 국가 의식 행사인 공식 환영식이 열리는 장소예요. 조선 시대로 말하면 경복궁 근정전 앞뜰인 '조정'과 같은 곳이지요. '조정'은 왕과 신하들이 **조례**를 하는 곳이기도 하고, 각종 국가 의식을 행하는 공식적인 장소였어요.

🌸 **조례**
조선 시대 관리들이 아침에 궁궐에 모여 임금을 뵙던 일을 말해요.

외국의 귀한 손님이 방문하면 대통령이 직접 맞이하지요.

공식 환영식에서 각국 정상들은 육·해·공군과 해병대 의장 대원으로 구성된 국방부 의장대와 국방부 군악대가 본관 앞에서부터 잔디밭까지 열을 지어 늘어서서 정상들의 사열을 받아요. 그러나 이 모습은 누구나 구경할 수는 없어요. 정부 고위 관리 이외에 공식 환영식에서 환영객으로 초청된 초등학교 학생들만이 볼 수 있어요. 처음에는 청와대 가까이에 있는 학교에서 주로 초청했는데, 최근에는 서울 이외

의 지역에서도 신청을 받는다고 해요. 의장
대는 현대식 옷을 입은 의장대와 조선 시대
군인의 전통 옷을 입은 전통 의장대로 구분
돼요. 군악대 역시 서양식 군악대 옷을 입고
서양 음악을 연주하는 군악대와 우리나라 전
통 옷을 입고 전통 음악을 연주하는 취타대
로 구분되지요.

전통 의장대가 본관 앞에 서 있어요. 이곳은 공식 환영식이 시작되
는 곳이에요.

　의장대와 군악대는 전통과 현대라는 구분
에 따라, 복장뿐 아니라 들고 있는 무기, 깃
발, 악기가 모두 달라요. 현대식 복장을 한 의장대는 총과 국방부
육·해·공군을 상징하는 깃발과 주요 부대의 깃발을 들고 있어요. 이
에 비해 전통 의장대는 전통 칼을 들고 조선 시대 장군복을 입고 있
어요.

경복궁 조정 VS 청와대 대정원

경복궁의 '조정'과 청와대의 '대정원'을 비교해 보아요. 비슷한 점도 있지만 다른 점도 많이
있지요. 조정에는 품계석*이 있지만 대정원에는 없어요. 대통령이 의장 행사를 할 때 움직이는
곳은 콘크리트로 포장돼 있는데, 공식 행사를 할 때에는 이곳에 붉은색 양탄자를 깔아 놓지요. 또
조정의 바닥에는 납작한 돌인 박석이 깔려 있지만, 대정원에는 푸른 잔디가 심어져 있어요.

* 품계석 : 조선 시대 벼슬의 직급을 적어서 궁궐 조정 앞에 세운 돌이에요.

경복궁 조정

공식 환영식 중인 청와대 대정원

손님을 맞이하는 영빈관

영빈관은 이름에서 알 수 있는 것처럼 손님을 맞이하는 곳이에요. 조선 시대에는 영빈관과 같은 기능을 하는 건물에 'OO루'라는 이름을 붙였어요. 그 대표적인 것이 경복궁에 있는 경회루이지요. 영빈관은 외국의 대통령과 총리가 방문했을 때 민속 공연과 만찬 등이 베풀어지는 공식 행사장으로 사용해요. 100명 이상의 많은 사람이 모이는 연회를 여는 장소이기도 하지요. 1층과 2층에는 대규모 홀이 있는데, 주로 1층은 접견장으로, 2층은 만찬장으로 이용하고 있어요.

영빈관은 대규모의 만찬이 벌어지는 곳이에요.

원래 청와대 안에는 큰 규모의 연회를 열 만한 장소가 없었어요. 그래서 연회를 열 때에는 청와대 밖의 다른 장소를 택해서 행사를 치렀어요. 그러다 보니, 여러 사람이 한곳으로 모이면서 교통의 혼잡과 같은 여러 가지 문제점이 생겼어요.

영빈관의 외부 모습

그래서 연회 장소로 쓸 새 건물을 짓기로 결정하고, 박정희 대통령 재임 기간인 1978년 12월에 영빈관을 세웠어요.

영빈관은 거대한 돌기둥이 건물 전체를 떠받들고 있는 웅장한 건물이에요. 특히 앞쪽에 있는 4개의 돌기둥은 2층까지 뻗어 있으며 높이가 13미터, 둘레가 3미터나 되지요. 이 돌기둥들은 돌산을 직접 깎아 만들어 뒤의 기둥과는 달리 하나로 이어져 있다고 해요.

영빈관은 외관만 보아도 알 수 있듯이 우리 건축 양식을 거의 따르지 않았어요. 외관을 보면 그리스나 로마의 건축 양식이 떠오르지요. 내부 공간도 우리 한옥에서 볼 수 있는 것과는 달리 서구의 건물 양식처럼 탁 트였어요. 그러나 영빈관 앞을 지키는 해치상이나 내부에 있는 태극, 봉황, 무궁화 등의

영빈관 1층 내부의 모습이에요.

후진타오 중국 총리가 방문했을 때 열린 만찬 모습이에요.

무늬는 대부분 우리 전통 문양에서 따왔지요. 2005년부터는 한글로 쓴 병풍도 들여 놓았다고 해요. 영빈관의 모습을 한마디로 표현하면, 외부의 모습은 서양식, 내부는 우리 전통 문양으로 꾸민 혼합 건물이라고 할 수 있답니다.

삼색의 태극 무늬
현재의 태극 무늬가 있기 전에 쓰였던 태극 무늬예요.

청와대 밖 칠궁 둘러보기

신위
위패를 모셔 두는 자리를 말해요.

사당
조상의 위패를 모셔 두는 집을 말해요.

칠궁은 조선 시대에 왕의 어머니였지만 왕비의 자리에 오르지 못한 일곱 후궁들의 신위를 모신 사당이에요. 일곱 후궁은 왕비가 되지 못했다는 이유로 죽어서도 왕과 왕비의 위패를 모시는 종묘에 들어가지 못했어요.

일곱 후궁의 아들 가운데 실제 왕위에 오른 사람은 영조, 경종, 순조 단 세 명뿐이에요. 왕들은 왕비가 되지 못한 자신의 어머니와 첫 아들을 낳은 뒤 죽은 후궁을 위해 사당을 짓고 좋은 이름을 내려주어 위로했어요. 칠궁은 숙종의 후궁으로 영조를 낳은 숙빈 최씨의 신위를 모신 육상궁, 진종의 어머니를 모신 연호궁, 순조의 어머니를 모신 경우궁, 장조의 어머니를 모신 선희궁, 경종의 어머니를 모신 대빈궁, 원종의 어머니를 모신 저경궁, 영친왕의 어머니를 모신 덕안궁을 말해요. 일곱 후궁들의 신위를 모셨지만, 사당은 모두 5개밖에 없어요. 그 이유는 한 개의 건물에 두 신위를 함께 모신 곳도 있기 때문이에요. 특히 영화나 드라마에서 많이 제작되었던 '장희빈'의 사당도 만날 수 있는데, 다른 사당들과는 달리 둥근 '두리기둥'으로 지어져 있어요. 왕비의 신분에까지 올랐던 희빈 장씨를 배려해서 만들어진 것이라고 하지요. 칠궁은 종묘와 함께 왕실의 사당 제도를 살펴볼 수 있는 문화재로 인정받아 사적 제149호로 지정되어 있어요.

경우궁

연호궁

덕안궁

대빈궁과 저경궁

활기가 넘치는 청와대 앞길

옛날 청와대 앞길 주변에는 대통령이 밤에 외부 손님을 은밀하게 만나던 **안가**가 있었어요. 1993년 김영삼 대통령이 청와대 앞길을 개방하면서 이 궁정동 안가를 헐어 내고 무궁화 동산을 만들었어요. 이름 그대로 무궁화가 많이 있는 작은 공원이지요. 이곳에서는 2006년 4월부터 국민과 함께하는 군 의장 행사가 펼쳐지고 있어요. 4월~6월, 10월~11월에 걸쳐 분수대 앞에서 의장 행사를 벌이는데, 오전과 오후 두 차례에 걸쳐 멋진 모습을 구경할 수 있어요. 이때에는 육·해·공군과 해병대, 여군 의장대로 구성된 국방부 의장대의 의장 행사도 볼 수 있지요.

관광객들은 경찰대원과 의장대원들의 공연을 보기도 하고 공연이 끝난 뒤에는 사진 촬영도 할 수 있어요. 자세한 행사 안내는 홈페이지를 참고해 주세요.

안가
특수 정보 기관이 비밀을 유지하기 위해 이용하는 일반 집을 말해요.

청와대 앞길에서 펼쳐지는 의장 행사

취타대와 전통 의장대

기념 촬영

청와대 앞길 여군 의장대 공연

청와대의 자랑, 전통 의장대

전통 의장대는 대통령 집무실인 본관이 신축된 지난 1991년에 꾸려졌어요. 노태우 대통령이 1991년 미국을 순방하면서 미국 전통 의장대의 사열을 받고 돌아온 뒤 그 해 9월 국방부 의장대에 전통 의장대를 만들라고 결정했어요. 그렇게 해서 10월 몽골 대통령이 우리나라를 방문하자 그 환영 행사에서 첫선을 보였지요. 그 뒤 두 차례 정도 인원을 늘려서 3개 소대, 60여 명으로 구성된 현재의 모습을 갖추게 되었어요.

전통 의장대의 모습은 조선 시대 친위대에서 가져왔다고 해요. 조선 시대 친위대는 국가의 중요한 행사와 왕이 행차할 때 호위하는 역할을 맡아 했어요. 이들 친위병은 무술이 뛰어난 것은 물론 용모와 학식, 경력, 신장 등을 두루 갖춘 사람들이었다고 해요. 행사가 있을 때마다 그 규모에 따라 의장병을 뽑아서 행사를 치렀다고 하지요. 지금도 전통 의장 대원이 되려면, 체력과 용모는 물론 건강한 마음과 투철한 도전 정신이 필요하다고 해요. 국가 행사 때 항상 맨 앞에 나서서 행사를 펼치는 만큼 한 치의 오차도 발생하지 않도록 고된 훈련을 소화해 내야 하기 때문이지요.

청와대 앞에서 펼쳐진 전통 의장대의 의장 행사

청와대 앞에서 연주하는 대취타대

　전통 의장대가 시범을 보이는 무예는 신라 화랑이었던 '황창랑'이 남긴 가장 오래
된 검법인 '본국검법'과 '깃발을 단 창 검술', 달 모양의 칼로 검술을 보여 주는 '월도'
가 있어요.

　전통 의장대와 함께 우리 전통의 멋을 보여 주는 취타대는 전통 의장대보다 먼저
만들어졌어요. 대취타란 취타와 세악을 대규모로 갖춘 군대 음악을 뜻해요. 이 중 취
타는 불고 친다는 의미에서 붙여진 이름으로, 궁중에서 연주돼 온 음악이에요. 징과
자바라, 장구, 나각, 나발, 태평소 등의 악기로 편성돼 있지요. 세악이란 비교적 음량
이 적고 실내에서 알맞은 음색을 가진 대금, 해금, 가야금, 거문고 등을 3~5개로 편성
하는 것이 보통이에요. 취타대는 일제 강점기 때 군대가 해산하면서 제대로 연주되지
못하다가 1961년 10월 국군의 날 기념 군장 행렬에 국립국악원 대취타대 52명이 행
사에 참여하면서 대취타가 재현됐어요. 그 뒤 1968년 육군에서 대취타의 편제를 조직
해 그 본래의 모습을 되찾아 오늘에 이르고 있어요.

청와대를 나서며

우리나라를 대표하는 대통령이 살면서 나랏일을 돌보는 곳, 청와대를 둘러보았어
요. 텔레비전에서만 보았던 청와대를 직접 눈으로 확인해 보니 재미있었나요?

청와대 건물은 경복궁이나 창덕궁 같은 조선 시대의 궁궐과 비교하면 여러 면에
서 비슷한 점과 다른 점을 발견할 수 있어요. 청와대는 조선 시대의 궁궐처럼 하나
의 건물이 하나의 기능을 가지고 있지 않아요. 건물 하나에 여러 개의 기능이 복합
적으로 들어 있어요. 조선 시대 경복궁의 후원 터에만 건물이 지어져 좁은 공간에
궁궐처럼 많은 건물을 지을 수가 없었기 때문이지요. 조선 시대의 궁궐과 청와대를
비교하면서 돌아본다면 더욱 유익한 시간이 될 거예요.

얼마 전까지만 해도 청와대는 대통령과 높은 관리들, 그리고 청와대를 출입하는
기자들에게만 공개되었어요. 청와대가 지금처럼 국민의 품으로 돌아오게 된 것은 문

민정부라고 불리던 시절부터예요. 김영삼 대통령은 취임식 날인 1993년 2월 25일 청와대 앞길과 인왕산을 개방했어요. 김대중 대통령은 조선 시대 왕의 후궁을 모신 사당인 칠궁을 개방했고요. 노무현 대통령은 청와대를 일반 관광객에게 개방한 것은 물론이고, 청와대 뒷산까지 개방했지요. 그래서 지금의 청와대는 관람 신청을 하면 누구나 둘러볼 수 있는 곳이 되었어요.

청와대의 주인인 대통령은 조선 시대의 왕과 같은 권력을 가지고 있지는 않지만, 우리 국민의 손으로 뽑아 우리나라를 대표하는 사람이에요. 국민을 위해 가장 많은 일을 하는 사람이기도 하지요. 그래서 청와대는 이제 예전처럼 우리와 멀리 떨어져서 감히 접근하지 못하는 공간이 아니라, 국민과 함께 숨 쉬는 공간이 되었어요. 게다가 누구에게나 친근하고 가까운 곳이 되기 위해 블로그를 운영하는 등 많은 노력을 기울이고 있어요. 우리도 국민의 한 사람으로서 청와대와 대통령이 하는 일에 관심을 가지고, 두 눈을 크게 뜨고 살펴보기로 해요.

나는 청와대 박사!

우리나라 최고 통치자인 대통령이 일하는 곳, 청와대를 잘 둘러보았나요? 지금부터 퀴즈를 풀면서 우리가 둘러봤던 청와대에 대한 지식을 다져 두기로 해요.

1 OX 퀴즈를 풀어 보세요.

다음 질문을 읽고 맞으면 O표, 틀리면 X표 해 보세요.

1. 청와대라는 이름은 이승만 대통령 이후부터 사용한 이름이에요. (　　)
2. 일제 강점기에는 청와대 자리에 조선 총독부 관저가 있었어요. (　　)
3. 청와대는 조선 시대에 높은 관리들의 휴식처로 사용되었어요. (　　)
4. 청와대 안에는 '녹지원'이라는 정원이 있어요 (　　)
5. 청와대는 확대 정상 회담을 통해 중요한 일을 결정해요. (　　)
6. '상춘재'는 청와대 안의 건물 중에서 유일하게 우리 전통의 건축 양식으로만 지어졌어요. (　　)
7. 외국의 귀한 손님이 방문하면, 청와대 본관 앞 대정원에서 국가 행사를 하지요. (　　)
8. 대통령은 행정부의 수장으로, 국가의 중요한 일을 혼자 결정할 수 있어요. (　　)
9. 청와대는 대한민국 정부 수립 이후부터 한 번도 고치지 않았어요. (　　)
10. 청와대 안에는 영부인이 일하는 곳이 따로 준비되어 있어요. (　　)
11. 대통령이 가장 많은 시간을 보내는 곳은 집무실이에요. (　　)
12. 청와대에서 기자들이 기사를 송고하는 프레스 센터는 '영빈관'이라고 불러요. (　　)

2 청와대 안에 있는 건물이 아닌 것은 무엇일까요?

다음 건물 중 청와대 안에 있는 건물이 아닌 것을 골라 번호를 써 보세요.

1 상춘재

2 영빈관

3 칠궁

4 춘추관

5 근정전

6 여민관

(　　)(　　)번

③ 다음 한자의 뜻이 무엇일까요?

노태우 대통령 시절에 청와대 본관을 새로 지으면서 '천하제일복지(天下第一福地)'라는 푯돌이 발견되었어요. 이 푯돌에 씌어진 한자의 뜻은 무엇인지 써 보세요.

天下第一福地
천　하　제　일　복　지

_____

_____

④ 대통령의 권한이 아닌 것은 무엇일까요?

다음 중 대통령의 권한에 해당하지 않는 것을 골라 번호를 적어 보세요.

1. 대통령은 공무원을 임명하고, 국군을 통솔해요.

2. 대통령은 국무 회의를 열어 외교, 국방, 통일, 경제, 교육 등 국가의 중요한 일을 결정해요.

3. 대통령은 국회의 동의를 얻어 국무총리와 대법원장을 임명해요.

4. 대통령은 직접 재판을 열어 억울한 사람을 구해 줄 수 있어요.

5. 국민의 생활에 필요하다고 생각되는 법률을 국회에 제출할 수 있어요.

(　　　　)번

⑤ 이곳은 어디일까요?

이곳은 조선 시대 경복궁 근정전과 비슷한 기능을 하는 곳이에요. 이곳은 청와대의 어느 곳에 해당하는지 다음 보기의 설명을 잘 읽고 답해 보세요.

보기

경복궁 근정전

• 왕과 신하들이 조례를 하던 곳이에요. 문관과 무관이 각각 열을 지어 서서 왕께 인사를 드렸어요.

• 관직의 등급을 표시한 품계석이라는 돌이 나란히 놓여 있어요.

• 외국의 사신을 맞이하기도 한 곳이에요.

☞ 정답은 56쪽에

나는 청와대 박사!

❻ 바르게 연결해 보세요.

다음 청와대의 장소를 살펴보고, 명칭과 그 쓰임새를 줄로 연결해 보세요.

춘추관 •  • 외국의 국가 원수나 국가의 중요한 손님이 방문했을 때 공식적인 환영 행사를 하는 장소예요.

녹지원 •  • 100명 이상의 많은 외부 손님들을 위해 연회를 여는 곳이에요. 무궁화, 태극, 월계수 무늬로 다소 화려하게 꾸며져 있어요.

대정원 •  • 대통령의 일을 돕는 비서진이 일하는 대통령실이에요.

영빈관 •  • 청와대의 후원으로, 대통령이 산책을 할 수 있는 휴식 공간이에요.

여민관 •  • 대통령의 기자 회견 장소이면서 청와대 출입 기자들의 기자 송고실이 있는 곳이에요.

❼ 십자말풀이를 해 보세요.

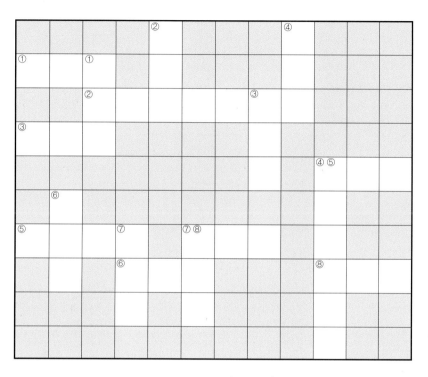

〈가로 열쇠〉

① 평화를 상징하는 푸른 지붕의 집으로, 우리나라 최고 통치자인 대통령이 나랏일을 돌보면서 생활하는 곳이에요.

② 청와대 접견실에 걸려 있는 '능행도'의 원래 그림이에요. 모두 8폭의 병풍으로 만들어져 문화재로 지정되어 국립고궁박물관에 보관되어 있어요.

③ 청와대의 후원으로, 대통령이 휴식하는 공간이에요. 소나무를 비롯해 120여 종의 나무가 심어져 있어요.

④ 외국의 대통령과 총리가 방문했을 때 민속 공연과 만찬 등이 베풀어지는 장소예요. 100명 이상의 많은 사람들이 모이는 연회를 위해 박정희 대통령 재임 시절에 만들어졌어요.

⑤ 대통령이 의장, 국무총리가 부의장으로 참여해 중요한 정책을 심사하는 행정부의 최고 회의를 말해요.

⑥ 이 사람은 조선 시대 숙종의 후궁이면서, 경종의 어머니였어요. 후궁으로서 유일하게 왕비의 자리에까지 오른 사람이에요. 이 사람의 이야기가 드라마나 영화로 만들어졌어요.

⑦ 외국에 대해 우리나라를 대표하는 사람으로, 최고의 통치권자를 부르는 말이에요. 국가 원수와 비슷한 말이에요.

⑧ 청와대 본채의 접견실 옆쪽에 있는 중간 크기의 회의실이에요. 외국 정상이 방문했을 때 양국의 각료들이 함께 앉아 확대 정상 회담을 하는 곳이에요.

〈세로 열쇠〉

① 넓은 잔디밭으로, 외국의 국가 원수나 국가의 중요한 손님이 방문했을 때 의장대 행사인 공식 환영식이 열리는 곳이에요.

② 윤보선 대통령이 청와대라고 바꿔 부르기 전까지 청와대를 불렀던 이름이에요. 고종 때 인재를 등용하는 과거 시험을 보는 곳으로 사용했다고 해서 이렇게 불렀지요.

③ 대통령은 ○○○의 우두머리 또는 수장이라고 해요. 입법부, 사법부와 함께 3권을 이루지요.

④ 청와대 본관 천장에 있는 그림이에요. 하늘 별자리의 운행을 살피는 것이 중요했던 역대 왕조의 전통을 살려 전통적인 ○○○를 본떠 만든 그림이에요.

⑤ 대통령 영부인이 집무를 보는 곳이에요. 조선 시대 궁궐과 비교하면 중궁전 또는 중전에 해당하는 곳이지요.

⑥ 충무공 이순신의 시호를 따라 이름 붙인 곳으로, 외국 정상을 위한 소규모 연회를 열거나 외국 대사들이 대통령에게 신임장을 드리는 예식을 하는 곳이에요.

⑦ 외국의 정상이 방문했을 때 전통적인 군인 복장과 현대적 군인 복장을 하고 공식 환영 행사를 하는 사람들을 통틀어 말해요.

⑧ 칠궁 중 하나로, 숙종의 후궁이면서 경종의 어머니였던 희빈 장씨를 모신 곳이에요.

청와대를 소개합니다!

청와대는 대통령이 나랏일을 하는 일터이자, 사는 곳이기도 하지요. 이 청와대의 건물 중에서 가장 인상적인 곳은 어디였나요? 지금부터 청와대를 잘 모르는 외국인이나 친구들을 위해 청와대 곳곳을 소개하는 그림 카드를 함께 만들어 보면서 청와대 체험을 정리해 보세요.

준비물 그림 카드용 종이 6장, 색연필, 크레파스, 사인펜, 리본 테이프, 가위, 풀, 양면테이프, 고리

만들기 다음 순서를 참고해서 자신만의 그림 카드를 만들어 보세요.

① 청와대 건물 중 소개할 건물을 먼저 선택해요. 특징이 뚜렷한 건물들을 위주로 소개하는 것이 좋겠지요? 건물 이름, 쓰임새, 특징 등을 정리해 보세요.

예)

건물 이름	상춘재
쓰임새	• 외국의 손님을 맞이하는 곳 • 청와대에서 비공식 회의를 여는 장소
특징	• 청와대에서 유일한 전통 한옥 건물 • 작은 마당을 사이에 두고 ㄱ자로 둘러서 있음. • 200년 이상 된 춘양목으로 지어짐.

② 소개할 건물들의 사진을 모아 프린트해 종이에 붙이고, 리본 테이프 등으로 꾸며요.
③ 바탕 종이와 다른 색상의 종이를 골라 카드 모양으로 잘라요.
④ 카드 앞면에 소개할 건물의 이름을 오려 붙이고, 안쪽에는 쓰임새, 특징 등을 사인펜으로 정리하세요.
⑤ 카드 뒤쪽에 양면테이프를 붙여 바탕 종이의 사진 아래에 붙이세요.
⑥ 표지로 사용할 종이 앞면에 청와대 사진과 '청와대를 소개합니다!'라는 제목을 넣어서 꾸며 보세요.
⑦ 완성된 그림 카드와 표지의 윗부분에 펀치로 구멍을 뚫고 고리로 연결하세요.

청와대 본관, 녹지원, 상춘재, 춘추관, 여민관, 영빈관까지 모두 6개의 그림 카드를 만들었어요.

여기서 잠깐!

나는 청와대 박사!

❶ OX 퀴즈를 풀어 보세요.

다음 질문을 읽고 맞으면 O표, 틀리면 X표 해 보세요.

1. 청와대라는 이름은 이승만 대통령 이후부터 사용한 이름이에요. (X)
2. 일제 강점기에는 청와대 자리에 조선 총독부 관저가 있었어요. (O)
3. 청와대는 조선 시대에 높은 관리들의 휴식처로 사용되었어요. (X)
4. 청와대 안에는 '녹지원'이라는 정원이 있어요. (O)
5. 청와대는 확대 정상 회담을 통해 중요한 일을 결정해요. (X)
6. '상춘재'는 청와대 안의 건물 중에 유일하게 우리 전통의 건축 양식으로만 지어졌어요. (O)
7. 외국의 귀한 손님이 방문하면, 청와대 본관 앞 대정원에서 국가 행사를 하지요. (O)
8. 대통령은 행정부의 수장으로, 국가의 중요한 일을 혼자 결정할 수 있어요. (X)
9. 청와대는 대한민국 정부 수립 이후부터 한 번도 고치지 않았어요. (X)
10. 청와대 안에는 영부인이 일하는 곳이 따로 준비되어 있어요. (O)
11. 대통령이 가장 많은 시간을 보내는 곳은 집무실이에요. (O)
12. 청와대에서 기자들이 기사를 송고하는 프레스 센터는 '영빈관'이라고 불러요. (X)

❷ 청와대 안에 있는 건물이 아닌 것은 무엇일까요?

다음 건물 중 청와대 안에 있는 건물이 아닌 것을 골라 번호를 써 보세요.

1 상춘재

2 영빈관

3 칠궁

4 춘추관

5 근정전

6 여민관

(3) (5)

❸ 다음 한자의 뜻이 무엇일까요?

노태우 대통령 시절에 청와대 본관을 새로 지으면서 '천하제일복지天下─福地'라는 푯돌이

발견되었어요. 이 푯돌에 쓰여진 한자의 뜻이 무엇인지 써 보세요.

天下第一福地
천 하 제 일 복 지

하늘 아래 가장
복 있는 곳

❹ 대통령의 권한이 아닌 것은 무엇일까요?

다음 중 대통령의 권한에 해당하지 않는 것을 골라 번호를 적어 보세요.

1. 대통령은 공무원을 임명하고, 국군을 통솔해요.
2. 대통령은 국무회의를 열어 외교, 국방, 통일, 경제, 교육 등 국가의 중요한 일을 결정해요.
3. 대통령은 국회의 동의를 얻어 국무총리와 대법원장을 임명해요.
4. 대통령은 직접 재판을 열어 억울한 사람을 구해 줄 수 있어요.
5. 국민의 생활에 필요하다고 생각되는 법률을 국회에 제출할 수 있어요.

(4)번

❺ 이곳은 어디일까요?

이곳은 조선 시대 경복궁 근정전과 비슷한 기능을 하는 곳이에요. 이곳이 청와대의 어느 곳에 해당하는지 다음 보기의 설명을 잘 읽고 답해 보세요.

보기

경복궁 근정전

• 왕과 신하들이 조례를 하던 곳이에요. 문관과 무관이 각각 열을 지어 서서 왕께 인사를 드렸어요.
• 관직의 등급을 표시한 품계석이라는 돌이 나란히 놓여 있어요.
• 외국의 사신을 맞이하기도 한 곳이에요.

(대정원)

❻ 바르게 연결해 보세요.

다음 청와대의 장소를 살펴보고, 명칭과 그 쓰임새를 줄로 연결해 보세요.

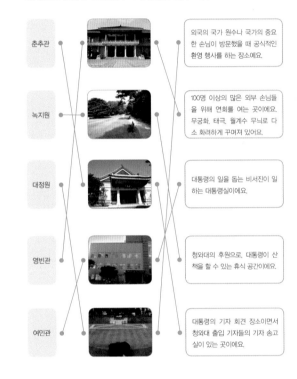

춘추관
녹지원
대정원
영빈관
여민관

외국의 국가 원수나 국가의 중요한 손님이 방문했을 때 공식적인 환영 행사를 하는 장소예요.

100명 이상의 많은 외부 손님들을 위해 연회를 여는 곳이에요. 무궁화, 태극, 월계수 무늬로 다소 화려하게 꾸며져 있어요.

대통령의 일을 돕는 비서진이 일하는 대통령실이에요.

청와대의 후원으로, 대통령이 산책을 할 수 있는 휴식 공간이에요.

대통령의 기자 회견 장소이면서 청와대 출입 기자들의 기자 송고실이 있는 곳이에요.

❼ 십자말풀이를 해 보세요.

			②경			④천		
①청	와	③대	무			문		
		②정	조	대	왕	능	⑤행	도
③녹	지	원				정		
					부		④⑤영	빈	관
	⑥충						부	
⑤국	무	회	⑦의		⑦대	통	령	인
	실		⑥장	희	빈		⑧집	현	실
			대		궁		무	
							실	

초등학교 교과서와 관련된 학년별 현장 체험학습 추천 장소

1학년 1학기 (21곳)	1학년 2학기 (18곳)	2학년 1학기 (21곳)	2학년 2학기 (25곳)	3학년 1학기 (31곳)	3학년 2학기 (37곳)
철도박물관	농촌 체험	소방서와 경찰서	소방서와 경찰서	경희대자연사박물관	IT월드(과천정보나라)
소방서와 경찰서	광릉	서울대공원 동물원	서울대공원 동물원	광릉수목원	강원도
시민안전체험관	홍릉 산림과학관	농촌 체험	강릉단오제	국립민속박물관	경희대자연사박물관
천마산	소방서와 경찰서	천마산	천마산	국립서울과학관	광릉수목원
서울대공원 동물원	월드컵공원	남산골 한옥마을	월드컵공원	국립중앙박물관	국립경주박물관
농촌 체험	시민안전체험관	한국민속촌	남산골 한옥마을	기상청	국립고궁박물관
코엑스 아쿠아리움	서울대공원 동물원	국립서울과학관	한국민속촌	서대문자연사박물관	국립국악박물관
선유도공원	우포늪	서울숲	농촌 체험	선유도공원	국립부여박물관
양재천	철새	갯벌	서울숲	시장 체험	국립서울과학관
한강	코엑스 아쿠아리움	양재천	양재천	신문박물관	남산
에버랜드	짚풀생활사박물관	동굴	선유도공원	경상북도	남산골 한옥마을
서울숲	국악박물관	고성 공룡박물관	불국사와 석굴암	양재천	롯데월드 민속박물관
갯벌	천문대	코엑스 아쿠아리움	국립중앙박물관	경기도	국립민속박물관
고성 공룡박물관	자연생태박물관	옹기민속박물관	국립민속박물관	이화여대자연사박물관	삼성어린이박물관
서대문자연사박물관	세종문화회관	기상청	전쟁기념관	전쟁기념관	서대문자연사박물관
옹기민속박물관	예술의 전당	시장 체험	판소리	천마산	선유도공원
어린이 교통공원	어린이대공원	에버랜드	DMZ	한강	소방서와 경찰서
어린이 도서관	서울놀이마당	경복궁	시장 체험	화폐금융박물관	시민안전체험관
서울대공원		강릉단오제	광릉	호림박물관	경상북도
남산자연공원		몽촌역사관	홍릉 산림과학관	홍릉 산림과학관	월드컵공원
삼성어린이박물관		국립현대미술관	국립현충원	우포늪	육군사관학교
			국립4·19묘지	소나무 극장	해군사관학교
			지구촌민속박물관	예지원	공군사관학교
			우정박물관	자운서원	철도박물관
			한국통신박물관	서울타워	이화여대자연사박물관
				국립중앙과학관	제주도
				엑스포과학공원	천마산
				올림픽공원	천문대
				전라남도	태백석탄박물관
				경상남도	판소리박물관
				허준박물관	한국민속촌
					임진각
					오두산 통일전망대
					한국천문연구원
					종이미술박물관
					짚풀생활사박물관
					토탈야외미술관

4학년 1학기 (34곳)	4학년 2학기 (56곳)	5학년 1학기 (35곳)	5학년 2학기 (51곳)	6학년 1학기 (36곳)	6학년 2학기 (39곳)
강화도	IT월드(과천정보나라)	갯벌	IT월드(과천정보나라)	경기도박물관	IT월드(과천정보나라)
갯벌	강화도	광릉수목원	강원도	경복궁	KBS 방송국
경희대자연사박물관	경기도박물관	국립민속박물관	경기도박물관	덕수궁과 정동	경기도박물관
광릉수목원	경복궁 / 경상북도	국립중앙박물관	경복궁	경상북도	경복궁
국립서울과학관	경주역사유적지구	기상청	덕수궁과 정동	고성 공룡박물관	경희대자연사박물관
기상청	경희대자연사박물관	남산골 한옥마을	경상북도	국립민속박물관	광릉수목원
농촌 체험	고창, 화순, 강화 고인돌유적	농업박물관	경희대자연사박물관	국립서울과학관	국립민속박물관
서대문자연사박물관	전라북도	농촌 체험	고인쇄박물관	국립중앙박물관	국립중앙박물관
서대문형무소역사관	고성 공룡박물관	서울국립과학관	충청도	농업박물관	국회의사당
서울역사박물관	충청도	서울대공원 동물원	광릉수목원	롯데월드 민속박물관	기상청
소방서와 경찰서	국립경주박물관	서울숲	국립공주박물관	몽촌토성과 풍납토성	남산
수원화성	국립민속박물관	서울시청	국립경주박물관	민주화현장	남산골 한옥마을
시장 체험	국립부여박물관	서울역사박물관	국립고궁박물관	백범기념관	대법원
경상북도	국립서울과학관	시민안전체험관	국립민속박물관	서대문자연사박물관	대학로
양재천	국립중앙박물관	경상북도	국립서울과학관	서대문형무소 역사관	민주화 현장
옹기민속박물관	국립국악박물관 / 남산	양재천	국립중앙박물관	서울역사박물관	백범기념관
월드컵공원	남산골 한옥마을	강원도	남산골 한옥마을	조선의 왕릉	아인스월드
철도박물관	농업박물관 / 대법원	월드컵공원	농업박물관	성균관	서대문자연사박물관
이화여대자연사박물관	대학로	유명산	롯데월드 민속박물관	시민안전체험관	국립서울과학관
천마산	롯데월드 민속박물관	제주도	충청도	경상북도	서울숲
천문대	몽촌토성과 풍납토성	짚풀생활사박물관	서대문자연사박물관	암사동 선사주거지	신문박물관
철새	불국사와 석굴암	천마산	성균관	운현궁과 인사동	양재천
홍릉 산림과학관	서대문자연사박물관	한강	세종대왕기념관	육군사관학교	월드컵공원
화폐금융박물관	서울대공원 동물원	한국민속촌	수원화성	전쟁기념관	육군사관학교
선유도공원	서울숲	호림박물관	시민안전체험관	천문대	이화여대자연사박물관
독립공원	서울역사박물관	홍릉 산림과학관	시장 체험 / 신문박물관	철새	중남미박물관
탑골공원	조선의 왕릉	하회마을	경기도	청계천	짚풀생활사박물관
신문박물관	세종대왕기념관	대법원	강원도	짚풀생활사박물관	창덕궁
서울시의회	수원화성	김치박물관	경상북도	태백석탄박물관	천문대
선거관리위원회	승정원 일기 / 양재천	난지하수처리사업소	옹기민속박물관	해인사 고려대장경과 장경판전	우포늪
소양댐	옹기민속박물관	농촌, 어촌, 산촌 마을	운현궁과 인사동	호림박물관	판소리박물관
서남하수처리사업소	월드컵공원	들꽃수목원	육군사관학교	유니세프 한국위원회	한강
중랑구재활용센터	육군사관학교	정보나라	이화여대자연사박물관	무령왕릉	홍릉 산림과학관
중랑하수처리사업소	철도박물관	드림랜드	전라북도	현충사	화폐금융박물관
	이화여대자연사박물관	국립극장	전쟁박물관	덕포진교육박물관	훈민정음
	조선왕조실록 / 종묘		창경궁 / 천마산	서울대학교 의학박물관	상수도연구소
	종묘제례		천문대	상수허브랜드	한국자원공사
	창경궁 / 창덕궁		태백석탄박물관		동대문소방서
	천문대 / 청계천		한강		중앙119구조대
	태백석탄박물관		한국민속촌		
	판소리 / 한강		해인사 고려대장경과 장경판전		
	한국민속촌		화폐금융박물관		
	해인사 고려대장경과 장경판전		중남미문화원		
	호림박물관		첨성대		
	화폐금융박물관		절두산순교성지		
	훈민정음		천도교 중앙대교당		
	온양민속박물관		한국에너지기술연구원		
	아인스월드		한국자수박물관		
			초전섬유퀼트박물관